伊斯兰文化小丛书

中国伊斯兰教与传统文化
ZHONGGUO YISILANJIAO YU CHUANTONG WENHUA

秦惠彬\著

中国社会科学出版社

图书在版编目（CIP）数据

中国伊斯兰教与传统文化/秦惠彬著．
北京：中国社会科学出版社，1995.8
（2013.1 重印）
（伊斯兰文化小丛书）
ISBN 978－7－5004－1653－1

Ⅰ.中…　Ⅱ.秦…　Ⅲ.①伊斯兰教－
宗教文化－中国②伊斯兰教－影响－
传统文化－中国　Ⅳ.G12

中国版本图书馆CIP数据核字（1995）第00203号

责任编辑	任　明
责任校对	安　然
封面设计	卓　尔
技术编辑	刘　建

出版发行	中国社会科学出版社		
社　　址	北京鼓楼西大街甲158号	邮　编	100720
电　　话	010－84029450（邮购）		
网　　址	http://www.csspw.cn		
经　　销	新华书店		
印刷装订	北京君升印刷有限公司		
版　　次	1995年8月第1版	印　次	2013年1月第3次印刷
开　　本	787×1092　1/32		
印　　张	4.625		
字　　数	68千字		
定　　价	12.80元		

凡购买中国社会科学出版社图书，如有质量问题请与本社发行部联系调换
版权所有　侵权必究

《伊斯兰文化小丛书》
编辑委员会

主　编：吴云贵　秦惠彬　周燮藩
编　委：(按姓氏笔画排列)
　　　　马忠杰　王怀德　冯今源
　　　　杨永昌　李兴华　余振贵
　　　　金宜久　周用宜　郑文林
　　　　黄燕生　王俊义

编者献辞

十余年来，在改革开放的热潮下，我国学术界迎来了企盼已久的春光，相继出版了大量的多学科、不同层次的著作，为读者们提供了可贵的精神食粮，受到了欢迎和赞赏。然而相比之下，宗教读物尤其是有关伊斯兰教的著作，在我国文化市场上依然少见，难以满足读者的需求。为此，我们向读者推出这套通俗性的宗教知识读物，为我国文化事业百花园奉献一束小花，愿读者在涉猎中获得心灵上的启迪、情趣上的满足。

作为世界三大宗教之一的伊斯兰教，流传广泛，经久不衰，迄今仍影响着数以亿计的世界广大人口；千姿百态的伊斯兰文化源远流长、根深叶茂，对人类文明作出过巨大的贡献。作为一种文明方式，其相关研究不论在东方伊斯兰世界还是在西方基督教世界，均已达到空前的规模，成为人类文化研究的重要区域，引起高度的重视。如今改革开放的大潮早已把国人推出家门、涌向世界，汇入人类文化的海洋；我国人民同发展中的伊斯兰国家的交往愈益增多，遍及政治、经济、外交、文教各个领域，甚至在看似无关的经贸交易、投资活动中也同样蕴含着包括宗教传统在内的文化因素，潜移默化地影响着人们的思想观念、经济决策、经济行为。这些都提示国人增强文化意识，涉猎国际文化知识，加深对伊斯兰文化的理解。

伊斯兰教步入华夏大地已有千余年之久，她已在这里生根，开花，结果。我国的回、维吾尔、哈萨克、柯尔克孜、塔吉克、乌兹别克、塔塔尔、东乡、撒拉、保安等10个民族几乎全民信仰伊斯兰教，中国伊斯兰教早已不再是异质的外域文化，而成为中华民族传统文化的一部分。饱受"十年动乱"之苦的我国各族人民珍视来之不易的安定团结局面，国家长治久安的大计更把各族人民兄弟般的团结提高到政治原则高度。而欲维护和加强民族团结，除了政治方向的一致性而外，不同民族之间还需要有心灵、情感、文化上的理解、交流、沟通，这也要求我们加深对作为我国少数民族文化传统一部分的伊斯兰文化的理解

编者献辞

和尊重,以增强中华民族的内聚力,共同致力于国家现代化建设。

若本丛书能使读者开卷有益,能使读者拓宽视野、增进知识、奋发向上,我们将感到无限的欣慰。我们也热诚地欢迎读者对本书提出批评与建议。

《伊斯兰文化》丛书编委会
1993 年 7 月 30 日

前　　言

中国人在宗教信仰方面是多元化的。现在，信奉伊斯兰教的，主要有 10 个少数民族，它们是回、撒拉、东乡、保安、维吾尔、哈萨克、乌孜别克、柯尔克孜、塔塔尔、塔吉克等。中国伊斯兰教的覆盖面有很强的地域特点，主要在西北地区如甘肃，宁夏、青海、新疆、陕西等省（区）。此外，在云南、河北、山东、河南、安徽、北京等省、市，也有相当数量的穆斯林。至于散居的穆斯林，中国各地几乎都有。

伊斯兰教在中国已度过了 1300 来年的岁月。在历史的长河中，中国伊斯兰教留下了深深的足迹。现在，它依然是十分活跃的一种宗教。中国伊斯兰教、中国传统文化，都是一些大题目，可以写出煌煌巨著。系统地论述中国伊斯兰教和中国传统文化，都不是本书的宗旨。本书的目的在于阐释两者的关系——而这也是可以做成大文章的，并且有着多种不同的切入角度。本书作者打算这样来论述伊斯兰教与中国传统文化的关系，即探索在中国整体文化氛围的影响下，中国伊斯兰教在成长、发展过程中所走过的特殊道路。而且，其着眼点主要在内地。

关于中国伊斯兰教的研究，起步较晚。不可否认，前人已经作过一些基础性的工作。但是，作为一个独立的学科，对其进行系统的全面的研究，应该说是近十几年的事情。由于学界同仁、教内研究者、实际工作者和业余爱好者抱有一个共同愿望，筚路蓝缕，开发沃土，所以关于中国伊斯兰教的研究成果还是非常丰硕的。更何况，结果并不十分重要，而应该细心地体察其过程。令人可喜的是，尽管道路坎坷，甚至也有挫折，但是，对于中国伊斯兰教的研究，其势头与热劲不减其初。但愿它能历久不衰。作为一个专业研究工作者，仅只这一点就足以感到欣慰了。客观地说，中国伊斯兰教的研究工作已经走过了它的开拓阶段，已经摆脱了荒芜面貌。当然，同佛教、道教汗牛充栋的著述相比，中国伊斯兰教的研究作品显得有点可怜。在任何一个图书馆里，都可以看到它在量的方面的不足。须知质是要有一定的量来做保证的。

还应该说一句,大部头的东西尤其少。一分为二,这或许是一件好事情。它恰恰为我们施展本领留下了宽裕的空间。时不我待,愿与同志共勉。

中国伊斯兰教在中国这块土地上长大。它是流——其源在外边。但是,"流"不是有"流变"吗?而且,"流"几乎都有"流变"。本书作者即在"流变"方面稍有心得体会,写出来以烦同好眼目。行文中,说自己的话,怎么想就怎么写。但结构严密完整,思想一以贯之。这近乎有点王婆味道——请看今之"围城"中,竟有谁人不王婆?活拨古人一句。但是,人贵有自知之明,我的这本东西,充其量只能算是一块铺路砖、一墩垫脚石(与我愿已足)。倘能由此拓展出康庄大道来,乐何如哉!

目　录

前言 …………………………………………（1）

一、中国伊斯兰教特殊的发展道路 ……………（1）
  1. 伊斯兰教的兴起及其东传中国 …………（1）
  2. 中国伊斯兰教的特殊发展道路 …………（6）

二、中国制度文化与伊斯兰教 ……………（64）
  1. 制度上的束缚 ………………………（67）
  2. 学习传统文化 ………………………（75）

**三、在传统文化氛围中形成的中国
伊斯兰教义学** ……………………………（92）
  1. 中国伊斯兰教义学的产生 ……………（92）

2. 中国伊斯兰教义学的基本内容……………(96)

四、在科技方面的杰出贡献 ……………(119)
   1. 天文历算学及其他科学 ……………(119)
   2. 医药学 ……………………………(127)
   3. 造炮及其他匠作技术 ………………(128)

一、中国伊斯兰教特殊的发展道路

1. 伊斯兰教的兴起及其东传中国

伊斯兰教同基督教、佛教并称世界三大宗教。伊斯兰教的内涵是广博而丰富的。"伊斯兰"并不专指宗教。它被赋予了多层的意义。它同时兼指一种社会体系、生活方式、文化形态,甚至时代特征。而凛然贯通于穆斯林生活所有领域并成为其"脊梁"的,则是所谓的"伊斯兰精神"。原始的伊斯兰精神带着明显的游牧、沙漠、商业等特性。在这种精神指导下,信仰伊斯兰教的各个民族,在接纳原有遗产的基础上，创造了灿烂的伊斯兰文明。

在穆罕默德时代，伊斯兰教还局限于阿拉伯沙漠里。穆罕默德辞世后不久，伊斯兰风暴便席卷了西亚、北非、西南欧等广大地区。这一历史事件，对于伊斯兰教来说，具有划时代的意义。从此，伊斯兰教不再单纯是阿拉伯人的宗教，而具有了世界性的品格。伊斯兰教成为被征服地区人们的共同信仰。这个所谓的萨拉森帝国，其同一性的标志就是伊斯兰教。必须提及，那里的人民并非两手空空而是带着本民族本地区文化历史积淀加入穆斯林队伍的。于是，一种历史现象就产生了：多种文化的冲突与融合过程开始了。伊斯兰大厦换上了综合性的新骨架——原始精神后退了，淡薄了。人们往往提出伍麦叶王朝的非宗教性而予以指责。其实质大概也需要在这里去寻找。

这些穆斯林的新成员，他们有各自古老的文化传统及信仰，他们曾经是基督徒、景教徒、祆教徒、佛教徒、萨满教徒……他们的到来不仅壮大了穆斯林的声威，而且也改变了伊斯兰教的发展轨迹。特别是1258年蒙古贵族灭掉阿巴斯王朝以后，哈里发帝国为一个个公开独立的民族王朝所替代（奥斯曼帝国时期，情形并没有多大改变），各民族国家都按着自己的理解来维护和发展伊斯兰教。于是，阿拉伯—伊

一、中国伊斯兰教特殊的发展道路

斯兰世界（不仅在政治上）失去了它的统一性。除宗教制度、仪规等等而外，伊斯兰世界几乎不再存在共同的政治、经济利益追求和社会、文化发展目标。可以这样认为，凡是追求世界主义的东西都必然地要付出一定的代价，受到自身的惩罚。伊斯兰教也不会例外。

伊斯兰教是在什么时期传入中国的呢？是否可以划定一个绝对的年代呢？

关于伊斯兰教传入中国这一问题，在中国学术界向有争议。其说法甚多，例如有"隋开皇（581—600年）中说"、"隋大业十二年（616年）说"、"唐武德（618—626年）中说"、"唐贞观（627—649年）初年说"、"唐永徽二年（651年）说"、"唐景云二年（711年）说"、"唐至德二年（757年）说"，等等。真是众说纷纭，莫衷一是。一般认为，伊斯兰教传入中国是在唐永徽二年（651年）。史书记载，这一年八月乙丑，大食国（这是唐代史籍对于哈里发帝国的称谓）"始遣使朝贡"。当然，非官方的民间交往，肯定要比这早得多。即便这一事件，作为伊斯兰教传入中国的标志也颇牵强。原因也很明显。官方的政治性交往同一种信仰传入异国他乡毕竟不是一回事。以今例古，恐怕看得更为分明。

唐代是当时世界上最强盛的王朝之一。因此，"四夷之与中国通者甚众"。唐朝同大食的交通，据记载有两条路线，一条是由安西，入西域道；另一条是由广州，通海夷道。唐朝同大食的交往，中期以前大约以陆路为主，后期大约以海路为主。德宗（781—805年在位）以后，吐蕃势力有较大的扩张，阻断了唐同中亚的陆路交通。此时，唐同中亚地区、大食等国的联系不得不假道漠北之回纥。

大食当时是西方强国之一。史书说，大食在西域为最强大，其地域"自葱岭尽西海，地几半天下"。用词夸张成分颇大，但也与当时人们视野狭小有关。在唐廷，大食使节，也包括商人，颇受礼遇，被视为大国之宾。唐廷对待各国使节，其礼宾规格是不一致的，以其国势大小而有差别。大食国使节，按大国使节接待，"宜给六个月粮"。这是规格最高的接待标准。贞元三年（787），宰相李泌曾向德宗上安国之策，建议"北和回纥、南通云南，西结大食、天竺，如此则吐蕃自困"。在中亚争夺的三角关系中，李泌企图打大食这张牌以牵制吐蕃。可见两国关系非同一般。据统计由永徽二年（651）迄贞元十四年（798）的148年间，大食向唐朝正式遣使有39次之多。

话再说回来。那么，伊斯兰教到底是在什么时代

一、中国伊斯兰教特殊的发展道路

传入中国的呢？伊斯兰教作为一种宗教移植于异国他乡，决不是一蹴而就的事情。它肯定有一个过程。但是，为了研究伊斯兰教在中国的发展历史，也决不是不可能为伊斯兰教传入中国划定一个绝对年代。这里首先存在一个标准问题。我们认为，所谓伊斯兰教传入中国，那就是在中国境内有中国人信仰了这一宗教。

唐至德二年（757）九月，唐廷为了镇压"安史之乱"向大食等国家（或地区）请求军事支援。大食向中国派遣了援军。他们加入了由天下兵马元帅、广平王李俶（后为代宗）统帅的、号称20余万众的蕃汉联军。在这支联军中，除朔方、安西等唐朝军队外，还有回纥、南蛮、拔汗那等国家及地区的军队。这支联军九月克长安，十月取洛阳，两京收复。联军的主力，在唐朝方面是郭子仪率领的朔方军；在蕃军方面是叶护太子率领的回纥兵。大食兵并非主力。它的兵员有多少、起了多大作用、产生过什么影响，史籍语焉不详。就人数而言，大概不会很多，在千余人左右。所谓"三千回兵"的口碑，显然是夸大了的。协助唐廷镇压"安史之乱"的大食军队，有一部分可能随回纥兵的回归一同退出中国了。至德二年（757）十月，两京收复以后，皇上在宣政殿宴请叶护太子等人，欢送外国援军回国——"赐而遣之"。

大食兵自然在"赐而遣之"的范围内。但是,大食援军中的大部分没有回国,留居在长安等地了。这部分人最初当然是侨居性质,即所谓"住唐"。但是,由于他们长期居留中国,在中国娶妻生子,繁衍后代,永业财产也随之增多了。于是,他们自然地、自愿地成为了中国人。贞元三年(787)七月,宰相李泌对留居长安的胡客进行过户籍清理:要么离境回国,要么加入中国籍。结果查出长期留居于长安的胡客竟有4000余人。这些人没有一个愿意回国的,都加入了中国籍——"为唐臣"。政府给予他们一定的军职或公职,使他们为李唐王朝效力。按着上面我们叙述的标准,这可以说是在中国境内有中国人信仰伊斯兰教的开始。伊斯兰教传入中国,当在唐肃、代二宗朝。如果一定要找一个绝对年代,不妨定在唐肃宗至德二年,即公元757年。

2. 中国伊斯兰教的特殊发展道路

(1) 中华文明的基本特点

伊斯兰教传入中国后,经历了漫长的发展过程,至今已有1000余年的历史。在传入中国的世

一、中国伊斯兰教特殊的发展道路

界三大宗教中,同佛教一样,伊斯兰教的历史脉络是很清楚的;同基督教不一样,伊斯兰教在中国传播与发展的历史从未间断过,尽管在近现代其势头不如基督教。

在中国漫长的封建社会里,整体的文化氛围是不同于以游牧和经商为主导的阿拉伯民族的。因而,两者的心理素质也不相同。中国古代先贤比较注重人生观、实履哲学或伦理,至于对事物本源、人类归宿一类问题的探讨,则是很不充分的,对抽象思辨也并不那么十分地感兴趣。古代中国人民的信仰是多元化的,没有形成一个全国性统一的宗教,没有凌驾于皇权之上的教权,也从未存在过真正意义上政教合一的中央政府。皇权高于一切。即使在人们的宗教意识里,也希望直观地认识神,而不是在冥冥的哲学沉思中去领悟神;对神的祈祷带着很强烈的功利主义目的,并不追求罚赎或人格的完成,它是现实主义的,而非理想主义的。中国人对祖先的崇拜(小宗法),进而对皇权的崇拜(大宗法),几乎等于——如果不说高于——对神的崇拜。伊斯兰教要想在这样的社会、文化环境中得以传播和发展,就不能不经历一个艰难的历程。

这个历程就是伊斯兰教中国化的历程。这也同时决定了中国伊斯兰教的发展方向以及其作为一种宗教文化的质的规定性。

这里先谈结论，即，第一，中国伊斯兰教是中国的宗教；第二，中国伊斯兰教的载体也就是信奉这一宗教的各个民族是中国人；第三，中国伊斯兰文化是中华民族文化遗产的一个有机组成部分。

下面我们就来阐述这一问题。它分为两个方面，一个是中国伊斯兰教和中国伊斯兰教载体的自身发展与变化；另一个是中国传统社会的接纳。

关于第二个方面，它涉及中华文明的特征与本质，所以必须首先讲清楚。对于这个问题，不同的角度，有着不同的答案。这里仅就文化交融的这个侧面，谈谈看法。

近年来的考古发掘否定了中原是中华文明唯一发祥地这一统治学术界几十年的权威性观点。人们认为，中华文明的起源是多类型的，不止一个源头。它不若太阳，也"不似一支蜡烛，而像满天星斗"。这些不同类型的地区文明，不管其"同步或不同步，但都以自己特有的文明组成丰富了中华文明，都是中华文明的缔造者"。中国文化传统源远流长。它具有丰富性、开放性、兼容性的特质。汉唐时代是中国封建社会比较兴盛的时代。汉唐文明中就有"胡文化"

的因素（"胡"用其在当时的意义）。唐代高度发达的佛教文化，就是经过吸收和改造并因而获得新生的一种"胡文化"（即外来文化）。唐太宗对华夷之辨就大不以为然，说"朕独爱之如一"。中国文化的开放性是指并不排斥外来文化；中国文化的兼容性是指有吸收、改造和融合（变为自身所需的营养）优秀外来文化的能力。当然，这种融合是两种或多种异质文化冲突的结果——自不待言。但是，异质文化间的冲突是暂时的，其融合是必然的。从人类社会发展的基本走势去观察，是趋同的。人类文化的发展，其基本走势也是趋同的。

（2）伊斯兰教在中国的发展与变化

在这里，我们既要谈中国伊斯兰教的发展与变化，更要谈中国伊斯兰教载体的发展与变化。阐述这一问题时，我们的思想逻辑是与历史本身的逻辑相一致的。

①唐代（618—907年）

在唐代，在中国内地，伊斯兰教及其信徒的社会影响是微不足道的。这时伊斯兰教在中国尚处于初传阶段。伊斯兰教的初传是与大食人及信奉该教的波斯等中亚人在中国的留居相同步的。在唐代，穆斯林大多留居于京城长安以及东南沿海港口城市，如扬州、广州、海南岛环海城镇，等等。此外，在川滇地区也有部分穆斯林定居。在扬州，留居于此的大食人和波斯人（均为穆斯林）有几千人之多，且拥有丰厚的资产。肃宗上元元年（760），宋州刺史刘展叛乱，淮南节度使邓景山进剿不利，于是引平卢副使田神功之兵马讨叛。田神功打下扬州后，大肆屠掠，被杀"商胡大食、波斯"者数千人。在这次战斗中，居留扬州的大食人和波斯人，其生者恐怕不会少于死者。在广州，广州是唐朝最大的对外交往口岸。一年之中，外国往来客商多达 80 余万众。其中许多人是常住广州的。除天竺外，波斯和大食是当时唐朝对外交往的主要国家。到了唐朝末年，在广州留居的大食和波斯等国的穆斯林，其人数据说上万计。据阿拉伯方面的材料，广州有一座清真寺，设教长、教法裁判官各一人，负责领拜、讲经，并依据《古兰经》和"圣训"处理民事等方面的问题。又据阿拉伯方面的材料，黄巢攻占广州时，事在僖宗乾符六年（879），杀死穆斯林、犹太人、基督徒、祆教徒为数达 12 万之巨。这个数字显然过大，不足为信。然而，由此亦可窥见，当时寄居于广州的外国人是非常多的，其中当以穆斯林为最。在海南岛，唐代有两个大海盗，一个叫冯若芳，一个叫陈武振。两人均以劫掠外国商船特别是波斯商船为业。他们因此成为家累万金的海中巨富。冯若芳每年都要劫夺波斯商船二三艘,把船上的珠宝财物攫为己有,把船上的商人船员收为奴婢。天宝八年(749)鉴真和尚东渡日本时,曾在冯氏家中作过短暂的停留。鉴真说,冯氏的"奴婢居处,南北三日行,东西五日行,村村相次"。

在唐代,穆斯林的人口数,从绝对和相对两个方面讲,都是很小的。他们是一个一个孤立的点,既连接不成线,也经纬不成面。在唐代,不存在穆斯林社会。伊斯兰教作为一种宗教,它给予唐代人在文化上、思想上以及精神生活和社会生活其他领域的影响是无足轻重的。它同佛教不能相比,也远不及景教、祆教、摩尼教。武宗会昌五年(845)四月,敕祠部封闭寺庙4600所,兰若4万所,裁汰僧尼、勒令还俗者26万余人。这就是佛教史上的"会昌法难"。这一事件的打击对象主要是佛教,也涉及像摩尼教、祆教、景教等外来宗教。很值得深思的是,唯独未谈及如何处置伊斯兰教。如果认为在唐代存在具有一定势力的穆斯林群体和一些相当规模的礼拜寺,在"会昌法难"中居然能够逃脱厄运那才是令人奇怪的。在唐代,在人们的心目中,伊斯兰教似乎还没有被提高到宗教的品级上。因此,唐代史籍称伊斯兰教为"大食法"。当时，人们更多地是从世俗角度去观察和把握伊斯兰教的。众所周知，伊斯兰教提倡入世主义，几乎没有出世主义的修道团体。这是它同其他宗教特别在唐代颇为盛行的佛教很不相同的地方。或许唐代人过分地看重了这一点。

在唐代史籍中，关于穆斯林的记载，很少能看出他们的伊斯兰性格，有的则俨然儒士。唐朝有一个比较著名的落籍中土的大食国人，名字叫李彦升，其生活年代当在文宗朝（827年继位）以后至唐末这段时期。僖宗乾符年间（874—879）人陈黯写过一篇文章，题目叫《华心》。① 在这篇文章里，作者赞扬了李彦升和推荐李彦升的伯乐、大梁连帅（节度使）范阳公卢钧。文章说，有些人生在中国而违背中国礼义是"形华而心夷"；有些人虽来自海外，却能遵行中国礼义是"形夷而心华"。李彦升属于后者，而远胜于前者。李彦升同卢钧过从甚密，以"道"相知。这个"道"，当然是中国传统思想之道，而非伊斯兰教之道。唐大中初年（847），卢钧把李彦升荐于皇上，"天子诏春司考其才"。结果，第二年进士及第。这可以说是留居中国的大食人之中的佼佼者。所以陈

---

① 《全唐文》卷767。

一、中国伊斯兰教特殊的发展道路

黯说,这是"常所宾贡者不得拟"。"大中"为宣宗年号,宣宗继武宗而为帝。大中元年是"会昌法难"后的第二年。随着武宗病死,政治连续性中断了,一切都在翻案。宣宗朝佛教又兴,不再排斥所谓的"异俗"。宣宗时允许色目人参加科举考试,并且规定了最低限度的录取名额。抛开其他得失不说,这样的气氛是有利于像李彦升这样的落籍中国的穆斯林的仕进的。它同时也促进了这些人的华化。卢钧于开成元年(836)出任岭南节度使、广州刺史。在广州同大食国人有过交往,在中外人士中颇有政声。三年后离广,转任宣武镇节度使,驻汴州(开封)。这时,距他推荐李彦升的大中元年只不过还有七八年光景。人们有理由相信,李彦升很可能是卢钧由广州带到汴州的。他的名字也是一个汉化的名字——决不是同音汉译。李姓很显然是取了个国姓。这个李彦升,按陈黯的说法,在思想上已经华化即"华其心"了。但是,他不会完全放弃伊斯兰教信仰也是可以想象的。

唐代的穆斯林,除了求仕为官、充任军职者外,大都从事商业。这些从商的穆斯林比之后日回回要阔绰得多。唐后期著名诗人李商隐《杂纂》中有《不相称》一项,专收当时社会上流行的颠倒话,即正话反说,其中有一条是"穷波斯"。这里说的"穷波斯"当然包括"土生波斯"。唐代穆斯林多从事珠宝、香料、药材这类高档行业。此外，他们还是海外贸易的居间人，靠他们招徕外国穆斯林商人，而外国穆斯林商人也把舶来货的一部分在他们的店铺里寄售。

②五代（907—960年）

五代时期，伊斯兰教的重心业已南移。唐朝末年，黄河流域战事频仍，五代十国尤为剧烈，东北辽国又经常南下侵扰，我国北方经济遭受严重破坏。而长江以南各国则相对安宁，经济也比较繁荣。特别是闽、粤地区，由于滨临海疆，实收外贸之利。广州、泉州之繁华景象甚至盛过昔日的李唐王朝。这一时期，大食同我国北方各国交往几乎断绝，而同南方各国的交往却一直存在。在四川、福建、广东等地，均有中国穆斯林的活动足迹。这一时期，在内地，伊斯兰教的重心已由西部转移到南部。而在西境，在哈拉汗朝，伊斯兰教带着自己的特色传播着、发展着。在唐、五代包括两宋时期，中国东部和南部地区伊斯兰教受到中国传统文化的强烈影响。而在西境，相对地说，没有东南那么浓厚。从当今中国伊斯兰教的全国态势看，可以发现，存在着一个落差较大的信仰阶梯，即中国穆斯林的信仰心态由西向东呈现出渐次下

一、中国伊斯兰教特殊的发展道路

降的梯形。这种现象是有其历史根源的。

五代时期，东南各国出现了一个新的商业阶层，时人称其为"蛮裔商贾"。他们就是久居汉地的唐时称之为"蕃商胡贾"的后裔。"蛮裔商贾"这个阶层的出现，是一种不容忽视的社会现象。由"蕃商胡贾"到"蛮裔商贾"，这是中国伊斯兰教发展史上的两个环节。"蛮裔商贾"的出现是伊斯兰教在中国发展过程中的一个里程碑。唐代是"蕃商胡贾"，这称呼无疑带有"外夷"的味道。而五代则是"蛮裔商贾"，这称呼说明他们落籍有年，已经完全是中国人了。

五代时期几位著名的中国穆斯林（史称"土生波斯"）几乎都是诗赋能手，如李氏三兄妹。李珣、李舜弦有诗集传世。李珣还有药物学专著刊布。李玹业香药，精丹术，一身仙风道骨。可见李氏兄妹是出自一个洋溢着浓厚汉学气息的穆斯林药业世家。李氏兄妹的先人为波斯穆斯林，在唐懿宗朝后期或僖宗朝来华。五代时，舜弦为前蜀后主王衍昭仪。僖宗继位于乾符元年（874）。前蜀后主王衍袭位于乾德元年（919）。前后不过50年左右。李氏兄妹当为来华之第二代或第三代，"土生"之第一代或第二代。在这短短的50年中，这个穆斯林之家的第二代或第三代已经明显地显现出儒化的迹象。那么，他们是否仍然保留着伊斯兰教信仰呢？回答是肯定的。据说，锦城烟月之士尹鹗与李珣友善。尹鹗曾作打油诗嘲戏李珣。诗曰：

> 异域从来不乱常，
> 李波斯强学文章。
> 假饶折得东堂桂，
> 胡臭熏来也不香。

这就是说，李珣虽然好诗文，强学作儒，但仍保持着"异域从来不乱之常"以及"胡臭"。这里所谓"异域之常"，这里所谓"胡臭"，我们认为就是指李珣的伊斯兰教信仰及某些礼俗。

③宋代（960—1279年）

到了宋代，中国传统社会对伊斯兰教的认识有了进一步的深化。此时，汉文史籍称伊斯兰教为"大食教度"。这说明在人们的心目中，伊斯兰教越来越神圣化了。宋代对伊斯兰教认识的深化是同后者的进一步发展联系在一起的。

伊斯兰教在两宋时期的传播，同唐代一样，主要地是在落籍的阿拉伯人和波斯人等及其后裔中间。因

一、中国伊斯兰教特殊的发展道路

此，伊斯兰教的发展同穆斯林自身的发展基本上是一回事。这一直是伊斯兰教在内地传播与发展的一个特点。这也是解开回族族教一体的一把钥匙。

在宋代，中国伊斯兰教有了初步的发展，其覆盖面比唐代要广泛得多。中国西部地区、中原一带、沿海城市以及海南岛等地都有数量可观的穆斯林集居。南宋以后，政治中心南移，江南各地的穆斯林人数也急剧地增加了。例如在杭州，"宋室徙跸，西域夷人安插中原者多从驾而南，杭州尤伙"。[①] 南宋把杭州作为"行在"（临时京城），许多早已落籍中原地区的穆斯林也迁居于杭州。在杭州，他们有了一个范围相当大的集居地。大约在今清泰门内荐桥南文锦坊一带。例如在广州，"自唐设结好使于广州，自是商人（指"蕃商"——引者）立户，迄宋不绝。诡服殊音，多流寓海滨湾泊之地，筑石联城，以长子孙"。[②]

在宋代，留居广州的蕃人主要是穆斯林。他们的人数到底有多少呢？皇祐四年（1052）侬智高作乱，攻陷广州，"其蕃汉数万家悉委于贼，席卷而去"。[③]

---

① 《西湖游览志》卷18。
② 《天下郡国利病书》卷104。
③ 《宋会要辑稿·方域九》。

南宋时，广州的穆斯林公墓，即所谓"蕃人冢"，"累累数千"。前者说的是活人，后者说的是死者。据此估算，宋时留居广州的外国人不会下于十数万。其中大多数当为穆斯林。例如在泉州，北宋真宗时（998—1022年在位）泉州已成为"蕃客密居之地"。降至南宋后期，泉州"殊方别域"的"富商巨贾"，"号为天下最"；而"番货远物、异宝奇玩"也从泉州流向全国各地。① 例如在海南岛，从北宋初年开始，"南洋"某些业已伊斯兰化了的国家的穆斯林大规模地、成批次地、成建制地移往海南各地。在北方，例如在北京，据说北宋初至道二年（996）就有四位外国穆斯林来此传教。其后不久便建造了一座非常宏丽的清真寺。它就是现在的牛街礼拜寺。

宋代社会称中国穆斯林为"土生蕃客"或"五世蕃客"。"土生蕃客"同"土生波斯"一样，都说明他们的祖先是落籍中国的穆斯林，而他们自己（连同他们的父祖以上几代）则是生于斯长于斯的。如果把"土生蕃客"同"五世蕃客"联系起来去思考，问题就更清楚了。所谓"五世"未必是指其祖上于四代前来华定居。"五"者言其多也。这是我们

---

① 《草庐吴文正公集》卷16。

一、中国伊斯兰教特殊的发展道路

中国人遣词命句的一种习惯,不必拘泥。"土生蕃客",这是中国穆斯林自身成长过程中的又一个环节。唐"蕃商胡贾"——五代"蛮裔商贾"——宋"土生蕃客"。到了宋代,伊斯兰教的载体即信奉这一宗教的人群已经融入了中国传统社会。所以,宋代史籍又称他们为"化外人"。当然,他们同传统社会也会有矛盾存在。例如在泉州就有过一番关于"化外人"是否可以定居城内的议论。

宋朝社会已视"土生蕃客"或"五世蕃客"为中国人。从法律实施角度看,他们包括在国内法的对象之内。例如对其遗产的处分,宋朝是这样规定的,其财产如果国内没有遗属,并且国外也没有合法"承分人"(继承人),依国内户绝法,归入市舶司拘管。① 即使有遗属,但按中国法律不算合法"承分人"者,也要取消其继承权,遗产另行处分。《龙川略志》记叙了这样一个故事。一个名叫辛押陀罗的穆斯林,在广州留居数十年,家产有数百万缗。他是留华定居的第一代,并非"土生蕃客"。在来华途中,他收养了一个孩子,先为奴,后为子。辛押陀罗因故被诛后,其养子按照伊斯兰教习惯继承了万贯家

---

① 《粤海关志》卷3,引《宋会要》。

资。为了使继承事实合法化，其养子派出二个亲信，到京师开封贿赂有关衙司。结果，与其养子的意愿相反，他的继承权不但未被承认，反而被剥夺。按中国法律，此事以"户绝"处置。

"土生蕃客"自己也视其为中国人，是中国社会的一分子。辛押陀罗就"原自比于内臣"，并请求朝廷赐予其封号。后被授予"怀化将军"（一说"归德将军"）。这些中国穆斯林还非常热心于社会公益事业。在广州，辛押陀罗曾要求朝廷允许其资助修建广州城的银钱，事未果。但是，他向新府学捐资、赠田却被接受了。不久，辛押陀罗又另建一所学校，"以来蕃俗子弟之愿学者"。[1] 在泉州，地方官员利用"贾胡簿录之资"大修城池，"城姑固"。[2] 泉州穆斯林还资助地方修造战舰。积极参与社会公益事业是宋代穆斯林的一个特色。资助地方公益既是宋代穆斯林融入传统社会的结果，又是其原因。

从唐经五代至宋，中国伊斯兰教载体的性质已发生了根本性的变化。中国伊斯兰教彻底地摆脱了侨民宗教的属性。

---

[1] 《广东通志》卷269。
[2] （明）阳思谦：《泉州府志》卷4。

一、中国伊斯兰教特殊的发展道路

唐宋时期中国伊斯兰教的传播纯粹是个人性的行为，同来华留居的"蕃客"联系在一起，基本上不向外传教，靠自身增殖等手段扩大信仰世界。它决不是一种有组织、有计划、有目的的社会性行为。在内地传播的伊斯兰教同外部哈里发帝国没有丝毫关系。因为它既不是军事征服的结果，也不是殖民的结果。

唐宋时期留居内地的穆斯林是后来形成的回回民族的重要来源之一。

④元代（1271—1368年）

元代在中国伊斯兰教发展史上具有重要的历史意义。它打断了贯通于唐宋时期中国伊斯兰教的发展秩序，改变了中国伊斯兰教的面貌。正如前述，唐宋时期伊斯兰教的传播是个人性的行为；它在内地呈现点式的存在，既未连接成线，也未经纬成面；它的社会影响很小，并且不向外宣传教义，也不存在专职的教务人员阶层。到了元代，突然为之一变。其信徒骤然增加至从前难以想象的程度，而且操纵中央或地方权柄，社会影响举足轻重。这时宣传教义已成为一种社会性行为，并且有了专职的教务人员阶层。在元代，也仅仅是在元代，中国内地伊斯兰教才同阿拉伯和中亚地区伊斯兰教直接发生关系，连成一线。伊斯兰教在元朝政治和文化生活中的作用大大地提高了。中国伊斯兰教呈现出空前绝后的辉煌。

元代穆斯林人数的急剧增多,主要是跟随蒙古军队征服中国而落居的新穆斯林这个因素造成的。此时,穆斯林已广布中国各地。正如史籍所说:"元时回回遍天下。"① 于是,中国伊斯兰教的渐进式发展突然中断,开始爆发式前进。当然,也必须说明,在元本土,蒙古贵族的统治虽然依靠色目人(穆斯林是其中的主要部分),但是后者毕竟是二等公民。否则,元代伊斯兰教历史将会是另一番面貌。

成吉思汗统一蒙古各部落后,开始西征。成吉思汗死后,其孙旭烈兀秉承乃祖遗志,继续西侵。1258年,旭烈兀攻陷巴格达,阿巴斯王朝灭亡。伊斯兰世界特别是中亚、西亚地区遭遇空前惨烈的磨难。十字军的东征,蒙古贵族的西侵,突厥系人的伊斯兰化,或许还有逊尼什叶的庶正之争,都在改变着或已经改变了伊斯兰教的发展轨迹。

蒙古贵族对亚洲内陆的暂短统一,促进了东西交流的发展。蒙古贵族的西侵、东征,先后扫平了一些地方割据王朝。就中国西部和北部地区而言,蒙古军队先后灭掉了西辽、西夏和金。成吉思汗就病死于征

---

① 《明史·西域传》。

一、中国伊斯兰教特殊的发展道路

伐西夏的战役中。从此，中国西部边界完全处于开放状态，同中亚伊斯兰世界连成一片。大家知道，阿拉伯人的队商贸易在伊斯兰世界经济生活中占有十分重要的地位。元代中国西北地区的政治态势，有利于阿拉伯队商的东进，同时也有利于伊斯兰教的东传。许多阿拉伯人和信仰伊斯兰教的中亚人因此纷纷东来中国。宋代，特别南宋，同伊斯兰世界的交往以海路为主。元代，元本土同西邻伊斯兰国家有了共同边界，并且同处于蒙古贵族的统治之下，所以，同伊斯兰世界的关系非常密切，相互往还主要通过陆路进行。陆路比较安全、便捷。元代同宋代特别南宋不同，它的政治中心在北方而不在东南。

元代穆斯林骤然增多的另一原因是，随元军东征的穆斯林士兵落居中国。

成吉思汗及其子孙是在完成西征的历史性任务后，东归南侵灭掉宋朝的。

1218年，成吉思汗派遣大将者别攻打西辽，先后占领八剌沙衮、喀什噶尔（喀什）、鸭儿看（莎车）、和田等地，西辽灭亡。1220年，成吉思汗亲率大军攻陷不花剌（布哈拉）、撒马尔罕等地，灭掉花剌子模国。1227年，蒙古军队灭西夏。同年成吉思汗病死于军营中。1229年，成吉思汗第三子窝阔台当选"合罕"（可汗）。1233年，蒙古军队占领金都汴京。1234年，金哀宗在宋、蒙联军夹击下于蔡州自杀，金亡。同年，蒙古西征军完全占领波斯。次年，他们越过钦察草原，在四五年的时间里先后征服斡罗思、波兰、马扎尔等地。1241年，窝阔台病死。1246年，窝阔台长子贵由继承汗位。贵由统治短短两年，其军事活动重心仍在西方，他本人就死于西征的途中（1248年）。1251年，成吉思汗第四子拖雷长子蒙哥继承汗位。蒙哥任命其弟忽必烈主管汉地事务，率兵征云南、大理，然后回师侵宋；令其弟旭烈兀率兵继续西征。1258年，旭烈兀攻占巴格达，哈里发穆斯塔希姆出城投降，后被处死。阿巴斯王朝的历史于是终结。中国史籍称阿巴斯朝为"黑衣大食"（称伍麦叶朝为"白衣大食"）。蒙哥在接到攻占巴格达的捷报后，把中亚阿姆河以西地区的统治权完全交付给了旭烈兀。在蒙古贵族旭烈兀系的统治下，在这里形成了一个伊儿汗国。这个汗国不久即开始了伊斯兰化的历程。1259年，蒙哥死于征宋军中。1260年，忽必烈继承汗位。直到这时，蒙古贵族的政治、军事活动重心才移到中原地区。消灭南宋成为忽必烈的历史使命。至元十三年（1267），元军攻占宋都临安。至元十六年（1279），陆秀夫负帝昺（益王，时年九岁）投海，南宋彻底灭亡。关于这段历史，《元史·地理志》有过概括性的叙述。书中说道："元则起朔漠，并西域、平西夏、灭女真（金——引者）、臣高丽、定南诏，遂下江南而天下为一……元东南所至不下汉唐，而西北则过之，有难以里数限者矣。"当元军灭掉南宋后，蒙古贵族的征略基本上停止。

在东归南侵的蒙元军队中有许多阿拉伯士兵。此外，还有工匠特别是军事工匠，商人，宗教职业者以及上层人物。蒙古军制，大汗的护卫禁军称"怯薛"（后又增设"五卫"）。此外还有"西域亲军"，其中大多是穆斯林；还有"探马赤军"，其中也有部分穆斯林。这些部队在荡平南宋后成为元朝地方镇戍兵力的组成部分。"河洛山东据天下腹心，则以蒙古军、探马赤军列大府以屯之"。[①] 蒙古人可以返回原"奥鲁"（老营即家小所在地）。但是，探马赤大都就地安置，屯垦永驻。即使常有调防，也不是全部。所以，元代穆斯林散居中国各地。

我们先从西北说起。

沙州（敦煌）、肃州（酒泉）、甘州（张掖）、凉州（武威）等地，元时均有大量的穆斯林居住。

---

① 《元史·兵制》。

他们活跃于河西走廊一带。关于这方面的情况，马可波罗有过详细的报告，可同《元史》互相印证。《元史》载，至元七年（1270）签诸道回回军。第二年签西夏回回军。至治二年（1323）对屯戍河西地方的回回人户予以免税待遇。在山西，大同业已成为穆斯林集居地。元前太宗窝阔台时期，速哥被任命为山西达鲁花赤。在赴任途中，他解救了因"讼事不实将抵罪"的6名穆斯林。这6人都是当地伊斯兰教上层人物，且"名著西域"。到了云中（大同），速哥将他们释放。这6人中后来有成为元朝"大官者"。[①]泰定元年（1324）在大同路给钞赐修一座礼拜寺。在河北，元于弘州（阳原）设织造局（秩从七品）。太宗时（1229—1241年在位），其局织工中有300余户是来自"西域"的穆斯林。这尚不算最多者。在寻麻林设有人匠提举司（秩从七品），太宗时由哈散纳兼管。其中"回回人匠三千户"。他们都是在元军的逼迫下集体东来的。寻麻林具体方位不得而知。但据《元史》载，它在兴和路境内。兴和路治所在河北张北。

接着谈谈陕西、四川、云南的情况。

---

① 《元史·速哥传》。

元初，四川尚未置行省，陕川实为一个行政区域。在至元四年（1267）发布的诏书中说，于陕西京兆、延安两路签军1000人，但"答失蛮"户可以免于出丁。所谓"答失蛮"系波斯语音译，意为伊斯兰教的"宗教职业者"。更不消说，从至元初年起经略陕川的就是穆斯林赛典赤赡思丁家族了。至正三年（1343）的一则记载说，陕西回回500余人东渡黄河抢掠了山西解、吉、隰等州。在四川，一位官员在上疏中说，四川的回回人户"多富商大贾"。这些富商大贾的"回回诸色人等"掌握了四川地区的经济命脉。

元代云南的穆斯林主要是跟从赛典赤赡思丁抚滇而来的。赛典赤赡思丁至元十年（1273）由陕西改任云南，直至至元十六年（1279）死于任所。此后赛氏家族的主支便落籍云南。清代伊斯兰教著名学者和经师马注，自称系赛典赤赡思丁十五世裔孙。元代初年云南穆斯林有两个中心，一个以大理（哈拉章）为中心，一个以建水为中心。蒙哥时期，蒙古贵族开始征伐大理。忽必烈、兀良哈台是西南夷征讨军的统帅。在这支队伍中有很多穆斯林。攻占大理后，他们就地屯戍，"遂占籍"。以建水为中心的穆斯林，大都跟随赛典赤赡思丁由西北而来。后世云南方志所谓

"回人自陕、甘来，元时已盛"，就是说的这个意思。据说云南赛、纳、哈、马、胡、穆、沙、王、杨、李诸姓回族，多为赛典赤赡思丁的后人。为了南征，元朝在云南驻有重兵，其中就有有独立建制的"回军"。《元史》载，大德七年（1303）"遣征缅回军一万五千人还各戍"。

我们再来看看中原地区的情况。

至元二十六年（1289），华北、华中一带发生饥荒。居住在汴梁（开封）的穆斯林昔宝赤等186户，朝廷命宣尉司拨给其田地。十日后，提举司又发米587石，拨给昔宝赤等518人。至元十六年（1279），"括回回炮手散居他郡者，悉令赴南京（开封）屯田"。元代名匠阿老瓦丁就于是年举家赴南京屯田。至治三年（1323），又遣回回炮负责人赴汝宁（汝南）、新蔡（蔡县）等地，教习炮法。在淮河流域，至元十六年（1279）征招两淮地区回回懂造炮技艺者"俱至京师"。在山东，东平路一次拨给蒙古贵族的食邑户中，有"回回太师户"30户。另一次记录，拨给蒙古贵族的食邑户中，有"回回户"96户。元大都更是穆斯林的集居之地。据元代的一件"事状"称："今体察到本路（指大都路——引者）回回人户，自壬子年（1252）元籍并中统四年（1263）续抄，计二千九百五十三户。"①

在原南宋统治区域内，中国穆斯林在社会经济生活中本来就非常活跃。蒙古贵族征服南宋后，众多"西域"来的"回回"随蒙古军队涌入东南地区。两股势力合流，更壮大了江南"回回"的声威。在扬州、杭州、泉州、广州等城市，有元一代，中国穆斯林颇成气候。"蒙古西征以前，回教人之在中国者，虽间有赴内地贸易之事，但其集中及长期居留之中心，仍限于京师及通商口岸。蒙古西征后，在宋之势力所控制之范围内，回教人之足迹虽仍限制于京师及各港口，但蒙古地方则已有不少回教人之聚居。及元代宋代，则回教人在中国各地均可自由居住，不复受何种限制矣"。②

元代穆斯林不仅覆盖面广泛，而且在社会政治生活中权居势要。

元代社会分为四个阶层。第一等公民是蒙古人；第二等公民是"色目"人，其中穆斯林占绝对多数；第三等公民是汉人，指中国北方的汉族，此外还包括

---

① 《秋涧先生大全文集》卷88。
② 白寿彝：《元代回教人与回教》，《中国伊斯兰史存稿》，宁夏人民出版社1982年版。

契丹、女真、党项等族人；第四等公民是南人，或称"新附人"，指南宋统治地区的汉族。一、二两等公民是统治阶层，三、四两等公民是被统治阶层。元代统治集团由蒙古贵族、色目人上层以及汉族地主、知识分子所组成。广大的蒙古平民、色目人下层是处于无权地位的。当然，就社会身份而言，他们高于汉人与南人。在政治上，元代穆斯林是蒙古贵族统治的依靠对象，当官者颇众，甚至位居枢要。在经济上，海内外贸易以及"百工技艺"多为穆斯林所垄断。"擅水陆利，天下名城巨邑必居其津要，专其膏腴"。蒙古人真正了解经济生活（游牧、"斡脱"除外）是在征服了西方的"回回"以后。"后来灭回回，始有物产，始有工匠，始有器械。盖回回百工技艺极精，攻城之具尤精。后灭金虏，百工之事，于是大备"。[①]

蒙古贵族入主中原后，各种政治举措都非常有利于穆斯林的仕进。在中央和地方行省，都有专门为穆斯林所设之官，纯属因人而置。中书省左右司郎属下各设回回书写一人；吏、户、礼、兵、刑、工6部，各有回回令吏1人至6人不等；军政方面有蒙古回回水军万户府，回回炮手万户府等；大司农、宣政院、

---

① 《黑鞑事略》。

一、中国伊斯兰教特殊的发展道路

中政院、储政院、宣徽院、大都留守司、上都留守司监、太仆寺等均有回回掾史或回回令史；各行省以及某些行省的御史台有回回令史或回回掾史。在一些技术性机构中也有为回回专设之官，如"回回司天监"、"广惠司"（掌回回药物）、"回回药物院"、"回回国子监学"，等等。在中央政府位居宰执者，有元一代共16人是穆斯林。在地方行省位居宰执者，穆斯林共计32人。"元有全国八十余年，而回教人在中央及地方任宰执者几五十人。彼时回教人之政治人才不可谓不盛"。① 在大都路计有穆斯林户2953户，"于内多系富商大贾、势要兼并之家，其兴贩营运，百色侵夺民利，并无分毫差役"。② 阿合马和赛典赤赡思丁是元代最著名的两位穆斯林政治家。一个忠、一个奸；一个廉、一个贪。阿合马在世祖朝是一个通天人物，擅权专愎，位重一时。从至元元年（1264）任中书平章政事，到至元十九年（1282）被王著计杀，先后秉政达18年之久。元初政治、经济措置多出其手。赛典赤赡思丁于中统二年（1261）拜中书平章政事。至元元年（1264）到至元十六年

---

① 白寿彝：《元代回教人与回教》。
② 《秋涧先生大全集》卷88。

（1279）先后行省陕西、四川、云南，特别在云南任内，兴水利、教播种、设儒学、敦礼化，颇有政声。至于各州县的官员，除蒙古人外，多为穆斯林，在南方各省尤其如此。至元十八年（1281）发布一条敕令，江南州郡官员兼用蒙古、回回人。大德三年（1299）又发布一条敕令，因福建各州县官员"类多色目人"，"命自今以汉人参用"。此种情形不独元初为然。元末，泉州穆斯林官员拥兵作乱，割据地方十余年。到明洪武元年（1368），明兵南下，泉州居民"始出盗贼渊薮"。

元代穆斯林在科举、服官、荫叙、刑律及私有兵器方面，均有较汉人享有优越之待遇。"罢诸路女直、汉人为达鲁花赤者。回回、畏兀、乃蛮、唐兀仍旧"。[1] "各道廉访司必择蒙古人为使。或缺，则参以色目世官为之，其次参以色目、汉人"。[2] "至大二年（1309）甲戌，以宿卫之士多见冗杂，遵旧制，存蒙古色目之有阀阅者，余皆革去"。[3] 这是穆斯林在服官方面享受的优遇。据《元史·选举志》，科举以蒙

---

[1] 《元史·世祖本纪》。
[2] 《元史·成宗本纪》。
[3] 《元史·武宗本纪》。

古、色目人为一榜，汉人、南人为一榜。前者所试内容较后者为容易。如前者自愿选试后者科目，"中选者加一等注受"。这是穆斯林在科举方面享受的优遇。元朝规定，"诸色目人比汉人优一等荫叙"。成宗时期（1295—1307年在位）所定荫叙格，正一品子为正五品，从五品子为从九品，中间正从以此为差。但是，色目人同蒙古人一样，"特优一级"荫叙。所谓"荫叙"，就是继承父辈的阶官品级。这是穆斯林在荫叙方面享受的优遇。《元史·刑法志》载："诸色目人犯盗免治。"这是穆斯林在刑律方面享受的优遇。据《元史·刑法志》，"诸汉人持兵器者禁之"，但对色目人无此限制。这是穆斯林在私有兵器方面的优遇。①

此外，元代穆斯林还曾享受过免赋、免差、免役的特殊优待。

下面以江南名城镇江为例，看看元代穆斯林在社会人口结构中所占的比重。据元末统计，镇江原籍居民100065户，613578人，驱口222人。"今蒙古、色目人之臧获，男曰奴，女曰婢，总曰驱口"。② 所

---

① 参见《元代回教人与回教》。
② 《辍耕录》卷17。

谓"躯口",就是男女奴婢。其实,所有奴婢均可称为"躯口",不以是否在蒙古、色目人家为标准。元代以来迁入镇江者共3845户,10555人,躯口2948人。新迁入户同原居住户之比为4%,人口比为2%,躯口比为13.3%。在新迁入者中,蒙古29户,163人;回回59户,374人。蒙古户同新迁入户之比为0.8%,人口比为1.5%。回回户同新迁入户之比为1.5%,人口比为3.5%。蒙古户同原居住户之比为0.028%,人口比为0.026%。回回户同原居住户之比为0.058%,人口比为0.061%。在新迁入户中,回回户同蒙古户之比为2,人口比为2.3。在同原居住者户、口之比,同新迁入者户、口之比以及新迁入者中同蒙古户、口之比这样三个数字中,回回都远远地高于蒙古。就躯口占有数而言,回回低于蒙古。蒙古29户,163人,占有躯口429人。平均每户15躯,每人3躯。回回59户,374人,占有躯口310人。平均每户5躯,每人不到一躯。这里的"回回"户是由小家庭组成的。平均每户只在6.3人上下。回回户占有的310人躯口,不管其原籍、族系如何,将来都必然成为伊斯兰教徒,这是没有疑问的。

上述数字是与元朝穆斯林的社会身份相符合的。同时也可以看出,回回人户、口的数量要高于蒙古人。这大概不独镇江，就全国而言恐怕也是如此。

在元朝穆斯林中，宗教学者、宗教职业者（教务人员）占有多大的比重，现在还缺乏直接的史料去予以说明。但在元末的方志上有些间接的记载。虽有管窥蠡测之嫌，总可以搞清一些问题。元末宁波回回纳税户科定24户，共纳银48两。其中普通穆斯林户19户，纳银37.2两，宗教职业者户2户，纳银4.8两，由一般教徒而充任政府译员者（翻译阿拉伯语或波斯语等）3户，纳银6两。宗教职业者同普通教徒之比为1∶11，即每11户教徒有一户宗教职业者。普通教徒户每户平均纳银1.96两，不到2两。宗教职业者户平均每户纳银2.4两，高于普通教徒户。译员户平均每户纳银2两，高于普通教徒户，但低于宗教职业者户。

唐、五代、宋时，在中国伊斯兰教中，可能还没有专门的宗教职业者（教务人员），起码尚未发现这方面的材料。礼拜等宗教性活动，由兼职人员领导进行。至于学习《古兰经》，那肯定是家庭里面的事情。到了蒙元初期，中国伊斯兰教的发展道路有些畸变。同唐宋时代截然不同的是，在元代存在着被纳入伊斯兰文化圈的可能性。但在世祖忽必烈推崇佛教后，这种可能性几乎消失了。元代，也只是到了元代，中国伊斯兰教才真正地出现了宗教职业者阶层。他们或者被称为"答失蛮"，或者被称为"哈的"（教法执行者），或者被称为"回回大师"。此外，还有被称为"迭里威失"的苏非派托钵僧。他们不事产业，流浪、云游、苦练内功，是神秘主义者。而一般信徒则被称为"木速鲁蛮"（"穆斯林"的波斯语音变）。元代，也只是到了元代，中国穆斯林才一分为三，一是普通信徒，信教者；二是宗教职业者，办教者；三是带有半出世性质的神秘修行者。这是中国伊斯兰教历史上的一个非常重要的新现象。但是，也必须同时说明，这种现象的产生，并不是唐宋以来中国伊斯兰教自身发展的结果，而是这种发展脉络的中断。它是由蒙古贵族西征后东侵南下而移植过来的：这些答失蛮、哈的、回回大师、迭里威失，等等，几乎完全是随蒙古军队东来中国的。他们在原居住地，或者阿拉伯世界，或者中亚地区，本来就具有现在这样的身份。

蒙古贵族入主中原以前，据说太宗窝阔台推崇伊斯兰教。其后脱烈哥那氏身边有一位女侍从官，是由波斯俘虏来的女性穆斯林，名字叫法蒂玛。有人认为，她是一位女巫师，或即苏非信徒。窝阔台晚年，重用穆斯林奥杜拉合曼，推行"回回法"。窝阔台于

1240年任命奥杜拉合曼提领诸路课税所。窝阔台死后，脱烈哥那氏摄政，以奥杜拉合曼为首推行"回回法"的官员，更是权倾朝野。脱烈哥那甚至把钤有御玺的空头文书交付奥杜拉合曼，由其随意填写发布。在脱烈哥那摄政期间（长达四年），耶律楚材一派推行"汉法"的官员受到排挤。拥护推行汉法的蒙古旧臣也多被罢免。这实际是两种异质文化的较量。世祖忽必烈是蒙古第五代君主。他完成征服南宋、统一中华的伟业，建立了大元帝国。忽必烈把首都迁到燕京，统治中心移至中原本土。忽必烈推崇佛教。其皇后察必可敦尤其敬重藏传系佛教。有元一代，藏传佛教几居国教地位。但是，在政治上，忽必烈并未忽视穆斯林。中统三年（1262），忽必烈杀中书平章政事王文统及其子王荛（因涉嫌李璮叛乱事）。从此，忽必烈对汉人幕僚多所疑忌。忽必烈的穆斯林幕僚们则乘机进谗，说"回回虽时有盗国之钱物者，但未有如秀才（汉官）们敢于反逆者"。杀王文统后，忽必烈开始依重穆斯林官员。至元元年（1264）阿合马拜授中书平章政事。阿合马罪行暴露后，忽必烈重新重用汉员。在元朝统治集团中，蒙古、色目人、汉人之间的矛盾斗争终元一世从未停止。其原因极其错综复杂，但文化背景的差异可以认为是比较关键性的。世祖、成宗、武宗、仁宗、英宗等几代皇帝都尊崇佛教，而泰定帝则尊崇伊斯兰教，末主顺帝的生母是穆斯林。元朝是一个多民族的社会，在思想上存在着多元的意识形态。元朝实行宽容的宗教政策，对各种宗教一视同仁。虽然历代皇帝都有自己偏好的宗教，而藏传佛教又几乎等于国教，但对其他宗教及其信徒并没有实行宗教迫害或宗教歧视。元朝历代皇帝对于宗教信徒的态度勿宁说是很政治性的。只要拥护、支持起码是顺从其统治，管你是什么宗教信徒。《至元辨伪录》是一部攻击道教的书（成吉思汗推崇道教）。关于对元代各种宗教的看法，书中记述了忽必烈的一个比喻，"今先生（道士——引者）言，道门最高。秀才（儒士——引者）人言，儒门第一。迭屑（基督徒——引者）人奉弥失诃（现通译"弥赛亚"，救世主——引者），言得升天。达失蛮（伊斯兰教徒——引者）叫空，谢天赐与。细思根本，皆难与佛齐。帝（世祖忽必烈）时举手而喻之曰：譬如五指皆从掌出，佛门如掌，余皆如指。不观其本，各自夸玄，皆是群盲摸象之说也"。① 这里抛开忽必烈对各种宗教的评论不谈，其中是否含

---

① 《至元辨伪录》卷8。

一、中国伊斯兰教特殊的发展道路

有诸教同源的思想呢？恐怕是有的。如果这个判断是正确的话，那么，它就是元朝实行宗教平等政策的思想基础。

在元本土，蒙古宗室阿难答改宗伊斯兰教，是元代伊斯兰教发展史上的重大事件。

安西王阿难答是忽必烈之孙，故安西王忙哥剌之子，荫王爵。安西王府在西安。忙哥剌至元九年（1272）受封安西王，出镇西安。至元十五年（1278）去世。至元十七年（1280）阿难答袭封。大德十一年（1307）被诛。阿难答统治秦蜀之地30来年。大德十一年正月，成宗病死，无嗣。其后卜鲁罕谋立阿难答为帝。因为阿难答有伊斯兰教信仰，故得到朝中色目官员的支持。也大概是同样的原因，阿难答受到了提倡汉文化的蒙古官员及汉族官员的反对。三月初，成宗兄子爱育黎拔力八达捕阿难答，出为监国，拥戴其兄海山为帝。海山即武宗。阿难答被解往上都处死。如果阿难答登上帝位，中国元代伊斯兰教史将是另一种面貌。

阿难答是怎样归信伊斯兰教的呢？阿难答幼时寄养于一个穆斯林之家。在环境影响下，他从小就接受了伊斯兰教的熏陶，并对伊斯兰教表现出极大的兴趣。后来，阿难答终于成为一个虔诚的穆斯林，特别

39

热衷于自己的信仰及其事业。他能够熟练地用阿拉伯语背诵《古兰经》，并能熟练地用阿拉伯文进行写作。据说他的阿拉伯文写得相当漂亮。在阿难答的影响下，由其统率的15万之众的军队，其中大部分也改奉了伊斯兰教。据说，他手下的一员部将曾向成宗皇帝告密，说阿难答常去清真寺作礼拜，诵读《古兰经》，在军队中宣讲伊斯兰教义，并让蒙古儿童施行割礼。成宗派出使节劝说阿难答再次归信佛教，结果被拒绝了。后来，阿难答被召入朝，在成宗亲自规劝无效后，将其监禁。不久，在皇太后的干预下，也因为成宗害怕因押阿难答可能导致信仰伊斯兰教的安西军的哗变而将其释放，并允许其返归驻地。

这是元本土的情况。至于在名义上隶属蒙古大汗而实际上独立的各个汗国，例如察合台系蒙古贵族的统治地区、术赤系蒙古贵族的统治地区、拖雷另一子旭烈兀系蒙古贵族的统治地区（窝阔台封地后来并入其他封地内），都先后实现了伊斯兰化。那里的蒙古后裔成为虔诚的穆斯林。察合台系蒙古贵族后来分裂为东西两部分。东察合台汗国在秃里鲁铁木儿统治时期（14世纪中叶、元顺帝时期）完成了伊斯兰化。术赤系蒙古贵族（金帐汗国）在月即别汗统治时期（14世纪初叶、元仁宗——顺帝时期）完成了伊斯兰化。旭烈兀及其后裔的伊儿汗国在合赞汗统治时期（13世纪末—14世纪初、元成宗时期）完成了伊斯兰化。

元本土的蒙古贵族是佛教信徒。而在中亚等汗国封地上的蒙古贵族都急速地伊斯兰化。这是一种有趣的现象。其实也不难理解。究其原因，不过是当地的传统文化在起作用。蒙古崛起漠北，文化相对落后。当它征服文明程度比较发达的中亚等地及中国后，便被当地的传统文化所征服。征服者被征服，这就是结论。这同欧洲新教徒征服美洲新大陆时所面临的局势迥然不同。此外，还有一个因素也不能说不重要，那就是元朝的统治时间太短了。历史不能假设。元祚苦暂——否则，中国人在精神生活方面会发生一些变化的，亦未可知。

中国穆斯林在唐代被称为"蕃商胡贾"，在五代被称为"蛮裔商贾"，在宋代被称为"土生蕃客"，在元代被称为"色目人"（有时也径称"回回"）。至明代则回回民族形成，"回回教"这一称谓在社会上广泛流行。蕃商胡贾——蛮裔商贾——土生蕃客——色目人——回回，这就是中国穆斯林成长发展的历程。它同时也是解开中国伊斯兰教发展史的一把钥匙。把握了这条线索几乎等于把握了中国伊斯兰教的历史。"回回教"这一词语的出现早于明代，可能在元代后期。成书于元末的《草木子》已经使用了"回回教"一词，并且将"回回教"作为一种信仰同"全真教"等并列于一起。

我们在前面说过，元代伊斯兰教改变了唐宋以来自己的发展轨迹。这里还要说一句，明代伊斯兰教又改变了元代的发展轨迹。明代伊斯兰教的基本趋势是同唐宋时期的发展路线接榫。就此而言，我们才说元代伊斯兰教是其发展史上的畸变。如果没有元代那样的政治关系、民族关系的变动，中国伊斯兰教能有现在这样的景象恐怕是不可能的。白寿彝说："公元1218年，成吉思汗开始西部亚细亚之远征。此在西亚诸回教国及中国回教，均为新时代之发端。在前者，为由繁华安乐转向于惨酷之悲运。在后者则为由萌芽时期转入于兴盛时期。东西相映，已为一奇特之对照；而尤为奇特者，则为中国回教之发达正由于西亚回教国之残破。盖因西亚回教国残破之结果，遂有不可名数之回教人因被虏或降附，先后随蒙古人以东来。而蒙古人西征后，中西交通大辟，回教人之来中国经商或求仕者，其数亦不在少。此种大量的回教人之东来，及其东来后之种种活动及遭遇，实可使中国回教有新的发展。"①

⑤明代（1368—1644年）

元明鼎革，明代元兴。明代伊斯兰教是沿着唐宋开辟的道路前进的。按着我们在前文中的用词法，可以说，明代伊斯兰教是对元代的发展道路的中断。此后，中国伊斯兰教，特别在内地，基本上就是按着这个方向、顺着这条路线发展的。中国伊斯兰教，无论在明，还是在清，其社会作用与影响都远远不及元代。

朱元璋洪武元年（1368）正月登基，建国号为明，定都南京（应天府）。同年八月，徐达攻入元都，元朝灭亡。元顺帝北遁，复归漠北故土都和林（在今蒙古国境内）。洪武三年（1370）以后，以徐达为征虏大将军，多次兴兵北伐。虽有定西一带的小胜，但在塞外的战斗中则屡屡失利。这时，就太祖的心态而言，他已安于同"后元"共处，很想遣使通好。荡平漠北的宏愿在其心中无复存矣。一日朱元璋宴请诸将，席间他发问道，你们说"天下奇男子"是谁？众将异口同声地回答说是常遇春。这时常遇春早已作古。众将说，常遇春将不过万人，横行无敌。

---

① 白寿彝：《元代回教人与回教》。

这难道不是"奇男子"吗？朱元璋笑着说，遇春虽为人杰，但是我能臣服他，他是我的臣子，受我的指挥。我不能臣服的，不受我指挥的是王保保。"其人奇男子也"。王保保就是"后元"主帅扩廓帖木儿。朱元璋还把扩廓帖木儿的妹妹册立为秦王（子朱樉）妃。

所以，观察明史必须有一个清楚的概念。元朝被推翻了，但蒙古在漠北广大区域的统治照旧地存续下去。终明一代，朱明王朝同蒙古、鞑靼的斗争从未停止过。明朝的疆域远不及元朝，也不如后来的清朝。

朱明王朝建立后，国内政治形势不利于伊斯兰教的发展。朱元璋是以民族主义为其建国基础的。早在明前，至元二十七年（1367），朱元璋为平定北部中国发布的晓谕齐、鲁、河、洛、燕、蓟、秦、晋等地方的檄文中就说过，"自古帝王临御天下，中国居内，以制夷狄；夷狄居外，以奉中国。未闻以夷狄治天下也"。而元则是"以北狄入主中国"。"古云，胡虏无百年之运，验之今日信乎不谬"。朱元璋现在"遣兵北逐群虏"，就是要"驱逐胡虏，恢复中华"、"复汉官威仪"。明洪武元年（1368），朱元璋发布诏书，"复衣冠如唐制"，"士民皆束发于顶上"，"其辫发、椎髻、胡服、胡语、胡姓一切禁止。斟酌损益，皆断自圣心。于是百有余年胡俗，悉复中国之旧矣"。不仅禁止汉人改胡姓氏名字，而且也不允许胡人更易姓氏。清本正源，以示华夷之别。如果胡人已经改为汉人姓氏，必须再改正过来。明代所谓胡人，主要指蒙古人和色目人。在洪武三年（1370）发布的禁令中，则直呼蒙古、色目："禁蒙古、色目人更易姓氏。"在《明律》中还有一条规定，就是禁止蒙古、色目人自相婚配。"听与中国人为婚姻"，违者杖八十，男女入官为奴。这条律令的目的在于限制蒙古、色目人口的增长，"恐其种类日滋也"。朱元璋是一个重农主义者。他认为，农为本商为末。洪武十四年（1381）颁布诏令，重本抑末，农民之家穿绸纱绢布，商贾之家只许穿布。而农民之家，只要有一人从事商贩活动，也不许穿绸纱。这对素有经商传统的穆斯林特别是城镇穆斯林来说，是一次社会性的打击与歧视。明朝在很长一段时期内，禁止随意屠牛。这对中国穆斯林来说，在从业方面、饮食方面又是一次打击。明朝律例规定，凡宰杀耕牛，私开圈点、贩卖牛只并知情不报者与宰杀者同，一样问罪，枷号一个月发落。再犯累犯者发附近卫所充军。如果盗牛而杀之或货卖之，不分初犯再犯，枷号一个月后充军。这属于历常规定。而在有些年代里，朝廷还有额外的补充规定。如在代宗朝，景泰元年（1405）规定，犯者于常律外，罚钞5000贯。本管及邻里不报者或买食者，罚钞3000贯。宪宗继位（成化元年、1465）诏书有劝农一条，对屠宰耕牛者，枷号期延至半年。杨四知于神宗万历十一年（1583）在陕西御史任内，曾"申严屠牛之禁"。后来杨四知调至北京，任巡城御史。万历十四年（1586），他又出榜禁止杀牛，违者充军，悬赏许人告发，结果引起京城穆斯林的暴动。"回回人号满剌者，专以杀牛为业，皆束手无生计，遂群攻四知之门，俟其出，剚刃焉。四知惮甚，命收其榜。逾月始敢视事"。①

此外，社会整体环境、舆论倾向也对中国伊斯兰教及其信徒增加了压力。明初人陶宗仪的《辍耕录》卷28中有"嘲回回"条，辑录了王梅谷的一首戏弄穆斯林的打油诗，说的是杭州荐桥八间楼一家穆斯林娶妻之事。因围观者太多，结果踏翻楼道，新婚夫妇皆被压死。诗中毫无同情之心，却充满幸灾乐祸之意。元末诗人丁鹤年是穆斯林。元亡后，处境极惨。"方氏（国珍——引者）据浙东，深忌色目人。鹤年畏祸，迁避无常居。有句云：行踪不异枭东徙，心事

---

① 《野获编》卷20。

一、中国伊斯兰教特殊的发展道路

惟随鹰北飞。识者怜之"。① 丁鹤年是很思旧的，他非常怀念蒙元统治。明初，他独自一人，千里漂泊，或旅食海乡，为童子师；或寄居僧舍，卖药自给，久处艰瘁之境。有记载说，丁鹤年"晚学浮屠法（佛教）"。不得已而为之。把作为族称的"回"写作"猠"，最早是在万历（1573—1620）后期。② 明代文学家、万历进士谢肇淛写道："二者（佛、道——引者）之外，如白莲、回回色目及吾闽三教等项，然皆猥琐庸劣，无甚见解。此又异端之重儓而不足与辩者也。"③ 燕王朱棣凌幼欺孤，武力逼宫，逼走其侄建文，夺得帝位，是为成祖，改元永乐。永乐元年即1403年。明朝实行严厉的海禁，有"寸板不许过海"之说。成祖登基，布告天下25条施政纲领，其中有一条就是海禁。明初，三保太监郑和七下"西洋"，是明代历史上的一大盛举。舰队浩浩荡荡，蔚为壮观。它沟通了明朝同"南洋"、"西洋"各国之间的联系，宣皇威于域外，意义重大。说来奇怪，当我们现在来检校这段历史时，却发现郑和在"南洋"某

---

① 《归田诗话》卷下。
② 《神宗实录》。
③ 《五杂俎》卷8。

些地区的影响远比国内为大。其实，对于郑和下西洋，朱棣的本初意思是为其宫廷斗争服务的。这同欧洲殖民者冒险进取，向外经略，开新疆拓新土，在精神状态上很难居于同一个层次。对于西北边市，如马市、茶市等，明朝政府的态度也不是非常积极的，限制过严，专卖过多，以至走私猖厥，特别是"官倒"尤为严重。对于外国的朝献，明朝也予以限制，有的规定三年一贡，有的规定五年一贡，等等。而且，朝贡人数有定员，不得超额。如有超额人员，不得进入内地，只能在边关滞留，等待回赐，放归。"自是朝贡遂稀"。明朝对北部、西部边界防御特严。通观明史，内忧姑且不谈，外患主要是蒙古部族。《明史》称其为"鞑靼"、"瓦剌"。后期"倭寇"犯境，在沿海地区作祟。但明朝皇帝对其不会感到亡国之忧。对蒙古他们则怀有另一种心情。汉唐以来，修筑长城最积极的朝代，非明莫属。为什么呢？向北防御，"以墙固沙"。中国穆斯林同外界特别是同伊斯兰世界的联系被切断了。海路不通了，陆路也不那么顺畅了。于是，在明代，中国伊斯兰教便处于孤立发展的境遇中。这种历史命运就不能不使中国伊斯兰教带上较多的中国特色。

也就是在上述历史背景中，回回民族形成了。

一、中国伊斯兰教特殊的发展道路

在元朝，回回属于色目人范围之内。据《辍耕录》，色目人有30余种，其中回回有数种。就人口数量而言，回回占色目人中的绝大多数。在元朝社会，他们是第二等公民，其上层是统治集团的成员。从整体上讲，回回的社会地位高于汉人。当农民义军推翻元朝统治的时候，元宗室退回漠北。可以想象，回回特别是上层分子随同蒙古贵族退回漠北的也不会少，如同他们的先人随同蒙古贵族东来中国一样。那些留下来的回回（应该说是绝大多数），一般讲，多为普通信徒。在明代，回回是被统治阶层，而且明初还有一系列歧视性的社会律令。尽管有一些回回成为朝廷官吏，也多在技术部门如司天监，而不可能预闻要政。从整体上讲，回回的社会地位低于汉人。对回回来说，元明两代真有天壤之别。由于社会地位的改变，外部压力的加大，回回的内聚力增强了。于是，作为一个民族的"回回"，在明初形成了。回族的形成是中国伊斯兰教发展史上的又一个里程碑，具有重要的意义。首先，由于回族的形成，中国伊斯兰教在内地有了一个坚实的社会性的载体。其次，由于回族的形成、伊斯兰教的社会化，于是在中国大社会中出现了一个穆斯林小社会。可以认为，如果说中国存在着一个穆斯林社会，最早也是明代的事情。唐、宋、元三代都很难说存在一个"穆斯林社会"。只有在民族形成、民族意识增长以后，才能觉悟到我之为我即我同他人区别开来的那些东西。明代一部杂记说："夷人党护族类，固其习性同然，而回回尤甚"。① 接着又叙述了一件景泰故事。京师隆福寺落成时，一回回人持斧上殿，杀死和尚二人，伤二三人。当局审问肇事者，其称只在宗教意识不同，"无别故也"。据《英宗实录》，这件事发生于景泰七年（1456）正月，回回人名叫"速来蛮"，除杀死、杀伤寺僧外，还"放火烧毁佛经，并坏门窗等物"。

唐、宋、元三代留居中国内地的穆斯林是形成回族的基本成分。在回族的形成中，伊斯兰教起了纽带作用。而回族的形成又促进了中国伊斯兰教的发展。

在回族形成过程中，无疑有其他民族（例如汉族）成分掺入。但是，还有一个因素也是不可忽视的。这就是在回族形成的明代，中亚和中国边疆地区的穆斯林向内地的迁移仍在继续。这为回族的发展与壮大提供了生力军。据明实录统计，从洪武到成化的百余年间（1368—1487），西方来归的穆斯林近70批次。其中宣德六年（1431）的一次来归，人数多

---

① 《菽园杂记》卷6。

一、中国伊斯兰教特殊的发展道路

达 300 余口。在同一期间，从漠北蒙古地方来归的穆斯林近 50 批次。其中宣德二年（1427）的一次来归，计有 70 家。史料未提供人口数。如果每家按四口计，共有 280 余口。从西方来归的穆斯林大都安置于甘肃一带及两京地区。从漠北来归的，除在两京、甘肃安置外，还有送往天津、青州、直隶沈阳中屯卫（河北河间）安置的。正统元年（1436）河间府安置外夷（蒙古、色目）的常例是，指挥给田 150 亩，千户 120 亩，百户所镇抚 100 亩，一般平民 80 亩，耕种自给。正统九年（1444）规定，对归附外夷未曾安置者，都督给田 250 亩，都指挥 200 亩。余同正统元年例。嘉靖十三年（1534），令以肃州（酒泉）北空地 16 顷 50 亩给寄住哈密都督乩吉孛剌等耕种，并免其粮差。这里提到的官职称谓均系武职虚衔，是在其归附后根据原有影响与作用而加授的。永乐十五年（1417），苏禄国（信奉伊斯兰教，现属菲律宾）东王访问中国，回国途中客死德州。其长子回国继位，其偏妃、次子及众多陪臣、国民留在德州守墓。后改安姓。至万历时（1573—1620）已传五代，"生齿渐繁"。此时这个德州安氏回回已经成为有数百人口的大家族了。苏禄国王的后代也成为中国回族的成员了。这些因素对于依靠自身细胞增殖而不是依靠外教改宗来扩展信仰世界的中国伊斯兰教来说，是至为重要的。

明朝回回的分布格局同现代几乎一样。西北地区的回回占全国总数的绝大部分。在西北，尤以甘肃一带为多。所谓甘肃，是指肃、甘、凉等州所在的河西地区。当时甘肃尚未分治，属陕西行省。《明史》（卷323）说："元时回回遍天下，及是居甘肃者尚多。"形成这种局面的原因，恐怕有二条：一是元亡后回回向西北地区集中；二是明代归附回回人大都从陆路由西北进入，在甘肃一带就近安置比较方便。"甘肃地近西域，多回回杂处"。在明初洪武年间（1368—1398），还曾由甘肃等地向撒马尔罕地区遣送过回回人。据记载，有一次遣送回回多达1200余人。在东部和南部地区，除唐、宋、元三代留居的穆斯林而外，明代有些回回又从西北迁往东南。明朝政府为了防范居住在河西走廊一带的回回勾结吐鲁番地方苏丹作乱，曾在正统元年（1436）、正统三年（1438）、正统十二年（1447）、成化十一年（1475）相继将甘、肃、凉等州部分回回迁往江南、山东、河北、河南等地。正统三年一次从凉州迁往浙江观海卫的回回就有202人之多。在东部，回回主要沿运河分布，通州、沧州、德州、临清、聊城、济宁、扬州等地比较集中。对此，中国伊斯兰教内有一种传说，明初燕王朱棣扫北时，其军队中有很多穆斯林。建文帝登基后，朱棣以北京为根据地，进军南京，争夺帝位。在南下征战途中，有相当数量的穆斯林官兵被留在运河两岸驻防，并参与漕运事务。于是，在那里就形成了回回的集居点。明代北京回回多集居于城南宣武门外。云南是回回比较多的一个省份。穆斯林在云南的存在可以追溯到唐代。但是，大量的移居还是在元明两代。明代骁将沐英父子镇守云南。据说沐氏为穆斯林。他们经略云南，无疑有利于伊斯兰教的发展。就全国来说，明代回回的分布同其先人一样，仍然是"大分散、小集中"。

⑥清代（1644—1911年）

清代在中国伊斯兰教发展史上占有十分重要的地位。对于中国伊斯兰教来说，如果认为元代是其数量的增加，因而覆盖面更为广泛；那么，清代则是其质量的提高，因而对社会浸润程度更加深刻。

就中国伊斯兰教本身而言，清代有四件大事：一是中国伊斯兰教义学的形成；二是教派的出现；三是穆斯林的起义；四是经堂教育的发展。由于具有鲜明中国特色的伊斯兰教义学的形成，伊斯兰教中国化的典型时期已经到来。大约在清初，伊斯兰教中国化的早期历程基本结束。上述四个问题中,关于中国伊斯兰教义学和经堂教育问题,我们放在第二部分介绍。

清廷入主中原,国势转隆。特别是康熙、雍正、乾隆三朝,有盛世之誉。清朝统治者崇奉佛教、尊重道教。入关后,实际上是以儒家学说施政的。"三教并垂"是清朝在思想、文化方面进行统治的祖宗成宪。但在实际举措中,"三教"地位并非一律平等,儒家灿居首位。不仅在习俗、礼仪方面,而且在思想方面即在认识路线、价值判断等方面,清人急速地儒家化了。佛教(藏传佛教)是清朝统治集团联络蒙、藏地方王公势力的纽带,自然忽视不得。而对于"回教",清朝统治者是防范多于信任的。入关之初,清廷确实有过"汉不及回"的议论。细作分析便不难发现,那只不过是为了震慑前明的残余势力。一旦清廷统治稳定下来,便会改变策略。果不其然,当着需要重新平衡民族关系的时候,清廷就改变了调门,大呼"回不及汉"。康熙年间,世有传言,说穆斯林"夜聚明散",意在谋叛。康熙发布诏书予以批驳,说"汉不及回"。雍正元年(1723)、雍正八年(1730),地方官吏两次奏请朝廷严禁回教,革除回俗。雍正痛斥了这些地方官员的无知与昏庸。但是同时认为,回民是"甘为异类"的"鄙薄之徒","回教原一无所取"。在这份诏书中，雍正的心态完全暴露出来了。对于中国伊斯兰教，他虽有厌烦之心，但又无可奈何。因为它是客观存在，且又那么强大。清廷的伊斯兰教政策就是在这种夹缝中产生的。雍正的政策是"回汉兼抑"。乾隆后期，陕甘地区爆发了以伊斯兰教为旗帜的反清大起义。清政府开始对伊斯兰教采取高压政策。笼络上层分子，"以回制回"；利用不同教派，破坏和削弱中国伊斯兰教；把阶级矛盾转变为民族矛盾；一旦矛盾激化，形成械斗，则坚决地予以武力镇压，这是清朝统治者贯彻高压政策的基本策略和实施办法。终清一代，这种策略没有太大的变化。

清代爆发的穆斯林反抗统治阶级的起义斗争，大都打起宗教的旗帜，提出一些狭隘的宗教性口号。这当然不利于他们的反清斗争和民族团结。同时，它却标志着中国伊斯兰教自身宗教意识的增强。在清代，关于中国伊斯兰教，可以发现一种奇怪的现象：一方面是中国化，一方面又是特立精神的昂扬。问题不在于宗教意识的强弱，也不在于它同在朝者的关系，而关键在于宗教必须具有鲜明的国家属性。如果一种宗教（其实何止宗教）追求世界主义，恐怕麻烦就来了。

中国伊斯兰教在清代还产生了教派门宦的分化。

分化后而形成的门宦教派大都可以找到其源头。概略地说，这些门宦教派的创立是由于伊斯兰教神秘主义（苏非主义）作用的结果；同时也吸收了一些佛教、道教的因素。一般地讲，中国有三大教派、四大门宦。其实，它们完全可以通称之为"教派"。门宦亦即教派。三大教派是格的木、伊合瓦尼、西道堂。四大门宦是哲合林耶、虎非耶、格的林耶、库不林耶。就信徒人数而言，格的木居首位，哲合林耶次之，伊合瓦尼居第三位。近些年来，伊合瓦尼信徒有增加的趋势。

哲合林耶，系阿拉伯语音译，意为"高声"，故又称其为"高念派"，即高声诵念"齐克尔"。"齐克尔"系阿拉伯语音译，指教派内部秘传的一种箴言。因其念经时要左右摇摆，又曾被诬称为"摇头教"。哲合林耶是人数最多、传播最广、影响最大、发展最典型的一个门宦。它主要分布于青海循化、甘肃临夏、宁夏西吉、海原、固原一带以及云南和中原部分地区。它的创始人是马明心。此人系甘肃人，生于康熙五十八年（1719），没于乾隆四十六年（1781）苏四十三起义之中。他于雍正六年（1728）十岁时随叔父去麦加朝觐。在也门入"沙孜林耶"道堂求学。乾隆九年（1744）回到循化，遵师命传授沙孜林耶道堂宗旨，取名"哲合林耶"。马明心提倡简化部分

一、中国伊斯兰教特殊的发展道路

宗教仪式，反对强征天课，强调布施应用于救济穷人，教权应传贤不传子，清真寺掌教应由教众自由选聘。这些主张很有改革性，受到当地穆斯林的欢迎，信仰者日众。到了第三辈教主马达天的时候，一反成规，开始子承父业。马达天把教权让给了自己的儿子马以德。教主世袭制由此发端。到了第七辈教主马元章的时候，教权重又回到马明心家族手中。马元章是以马明心第四世裔孙的身份执掌教权的。关于道统，哲合林耶向有"里七外八"（或"里八外七"）之说，即教主传承在国内至第七辈（或第八辈）中止。第八辈教主是马震武（沙沟门宦）。马震武系马元章之子。哲合林耶是一个教乘与道乘兼修的门宦，即在不忽视"五功"的前提下，进行神秘主义的修行。这是它在宗教功修方面的显著特点。但是，它不太看重朝觐，认为朝拜教主拱北、道堂可以代替朝拜麦加。道乘方面的主要功课是高声诵念齐克尔。虽然方式多种多样，但用乐音高声唱颂则是共同的。教主的宗教功修主要是坐静，每周两次。教主传承必须有凭证即"传教衣帽"。清真寺一般不设宣礼楼，以打梆子代替传统的呼唤。拱北、道堂同时又是开展群众性活动的场所。在教区内，实行分级管理的"热衣斯"制。在服饰方面，信徒们头戴六牙帽，表示"六大信仰",教主的为绿色,老年人的多为白色,青壮年的为黑色;男子穿中式带襟长袍;不留胡须;不主张妇女戴盖头、蒙面纱。

虎非耶,系阿拉伯语音译,意为"低声",故又称其为"低念派"。这个门宦支系较多,有20多个。各个分支门宦之间并无道统传授的直接关系。主要分布于临夏、兰州、天水、循化、西宁、银川、同心、西吉、海原、固原以及新疆、云南等地区。其中花寺门宦(在甘肃临夏)创立较早,创始人是马来迟。马来迟曾去也门留学,于雍正十二年(1734)回国,创花寺门宦。马来迟与马明心同在也门沙孜林耶系统的虎非耶道堂学习。但是,回国后,两人各立门户,于乾隆年间终致失和,酿成流血事件。

格的林耶,系阿拉伯语音译,意为"大能"。这个门宦可能源于波斯人格的尔所创建的苏非教团(神秘主义组织)。主要分布于临夏、兰州、海原、固原等地区。其中大拱北门宦创立较早,创始人是祁静一。祁静一于康熙中期开始传布格的林耶宗旨。大拱北门宦有"出家人"。这是该门宦的显著特点。出家人不娶妻室,在远离家乡的深山老林中静修,故有"清真和尚"、"清真道士"之称。大拱北门宦不设教主,由出家人中推举一个"当家人"主管教务。可见，大拱北门宦受佛教、道教影响至深。这种影响在宗教功修上表现得也非常突出。大拱北门宦特别注重"参悟"；出世思想也比较浓厚。即使非出家人，也同佛教徒、道士一样，在思想行为上以及在处理人际关系网络中的纠葛上，无不恪守"闹中静"的原则。

库不林耶，系阿拉伯语音译，意为"至大者"。自称明朝时传入。据研究，其传入时间最早不会早于康熙年间（1662—1722）。据说由阿拉伯人直接在中国传布。此人来中国后定居临夏东乡大湾头，改张姓，故又称其为"张门"。该门宦传播不广。人数不多，主要在大湾头一带活动。

格的木，系阿拉伯语音译，意为"古老"。就中国内地伊斯兰教而言，格的木是历史最悠久的一个派别，故又有"老教"之称。在门宦制度形成以前，中国伊斯兰教因为没有派别分化，所以也不存在"格的木"。当门宦从中分化出去、伊合瓦尼、西道堂等也从中分出去以后，剩下的就是它自己——格的木。格的木从唐代传入迄今已有1300来年的风雨历程。格的木遍及全国，信徒最多。从并时与历时的统一观点去考察，中国伊斯兰教是以格的木为主体的。当我们说中国伊斯兰教具有这样那样一些特色时，一般是以格的木为基点的。格的木在信仰上坚持"六大信条",在功修上坚持"五大功课"。至于道乘修炼,则认为是副功,并不十分看重。格的木实行互不隶属的单一教坊制。它是以清真寺为中心联系周围穆斯林群众而形成的一种寺坊管理制度。清真寺既是宗教活动场所,又是政治、经济、文化中心。在教派斗争中,一般情况下,它是很中庸的。

伊合瓦尼,系阿拉伯语音译,意为"兄弟";又称"艾亥里逊奈",意为"遵经"。中国伊合瓦尼可能源于瓦哈比派。瓦哈比派于18世纪中叶以后在阿拉伯半岛流行。这个教派主张按着《古兰经》和"圣训"的原始精神,改革伊斯兰教。中国伊合瓦尼倡导"凭经行教"、"遵经革俗"。它的创始人是马万福。马万福临夏果园村人,故通称马果园,东乡族,生于道光二十九年(1849),没于民国二十三年(1934)。光绪十四年(1888)马果园利用朝觐之机在沙特接受了瓦哈比教义。回国时带回一批瓦哈比派典籍。马果园返归故里后自称"伊合瓦尼",声言门宦不符合教义,号召"打倒门宦,推翻拱北"。伊合瓦尼主张力行"五功",不提倡道乘修持,认为念经不该取酬,重视"中(文)阿(拉伯文)兼修"的经堂教育方式,实行互不隶属的单一教坊制。后来,伊合瓦尼分裂为两派,一派被称为"苏派"或"一抬派";另一派被称为"白派"或"三抬派"。白派又自称"赛来夫"。伊合瓦尼主要分布于甘、宁、青各地。在内地一些大中城市也有伊合瓦尼的信徒。

西道堂是在中国化道路上走得比较远的一个教派，因此又称其为"汉学派"。同时，西道堂又是一个非常世俗化的组织。因此，在社会上，甚至包括一些学者，都认为西道堂是一个带有社会改良性质的公社式团体。它的创始人是马启西。马启西是甘肃临潭人，生于清咸丰七年（1857），没于民国三年（1914）。马启西是晚清秀才，有较深的汉学功底。他所创建的西道堂主要讲述汉文伊斯兰教典籍（汉刻它布），特别是刘智的著作。马启西说："介廉（刘智字）种子，关川（指马明心）开花，我要结果。"马启西认为，中国穆斯林必须学习汉文和传统文化。这一主张在西道堂所创办的小学和中学里得到实现。宣扬刘智学说、以中国传统文化去阐发伊斯兰教学理是西道堂的显著特点。西道堂的另一显著特点，是实行集体所有制，过集体生活。西道堂坐落在临潭旧城城西，面积约有百余亩。西道堂除从事宗教活动外，还创办农、工、商、文等各项事业。西道堂的成员，特别上层分子，文化水平比较高，信徒中60%达到小学水平。因此，它所创办的宗教以外的事业大都是非常成功的。西道堂以"五大功课"为全功，反对道乘修持，重视宗教节日，有教主但不世袭，实行教坊制。西道堂重视教育，主张不分男女都应上学念书，不强制儿童读经。

在同中国传统文化的关系上，各个教派表现虽然不尽相同，但那只不过是程度上的差别而已。它们都遵循了中国伊斯兰教的既定发展方向。伊合瓦尼主张凭经革俗，但同时极力提倡"中阿并重"的宗教教育。能不能用汉语讲经、解经、译经，在明末清初，在中国伊斯兰教内是有过一番争论的。有些学者、经师认为，这样做是一种"哈他"（即教义学意义上的"错误"）。而另一些学者、经师则认为，这是一种很正常、很自然的现象，不是什么"哈他"。我们只知道这场争论的结果，那就是后一种观点取得了胜利。在中国伊斯兰教内，用汉语讲经、解经、译经取得了合法地位，得到了教义学家和广大穆斯林的普遍承认，并且成为一种不可阻挡的历史潮流。

我们必须动态地把握宗教，伊斯兰教自不例外。道理也非常简单，因为它本身是动态的。我们必须历史地观察宗教，因为它本身是历史的。这就要求我们在运动中、在联系中研究宗教、研究中国伊斯兰教。它决不是一种凝固的、孤立的社会现象。在诸多关系中，尤其应该重视中国伊斯兰教成长壮大的社会文化背景。观察中国伊斯兰教应该把握这样三个基本前

一、中国伊斯兰教特殊的发展道路

提：第一，中国伊斯兰教的地域性很强，它的覆盖面从未遍及全国；第二，它从未取得过中央政权，依靠权力杠杆来强制推行伊斯兰教，在中国历史上没有这样的机遇；第三，它从未主宰过大多数或多数中国人的精神生活。中国伊斯兰教是在传统文化的包围中发展自己的。只要忆及这些基本前提，对于中国伊斯兰教所具有的中国特色，就不会感到多么奇怪了。

通过前面的历史回顾可以得出结论，对于中国伊斯兰教的传播，不管是在唐宋时期，还是在元明清时期，都是一种个人性的行为，而不是一种社会性的行为。这种传播并不是有组织、有计划、有意图的，而是一种不预期后果的"自然"现象。它绝对地取决于亲缘、地缘两种关系。一般地说，应该是宗教自身的发展决定宗教载体的发展。不过恰恰相反，在中国伊斯兰教这里，是宗教载体的发展决定宗教自身的发展。现在，中国伊斯兰教的覆盖面已超出 10 个少数民族的范围，以后或许还会扩大。但是，我们认为，仍然可以用地缘学说去解释它。它同《古兰经》对人们思想的浸润似乎没有太大的关系。中国伊斯兰教的际遇是很独特的。它不可能同强大的、根深蒂固源远流长的传统文化相对抗；它也没有机会通过中央权力结构强制推行它自己，如我们在波斯、印度等地所见到的那样。

二、中国制度文化与伊斯兰教

中国伊斯兰教是中国的宗教，中国伊斯兰文化是中国传统文化的有机组成部分。何谓"文化"？人们可以给出百十种定义。这是眼下很时髦的事情。我们认为，文化是相对于自然的。如果说婴儿降生时赤条条的，那是自然。那么，给他穿上衣服，便是文化。穿棉衣，是棉衣文化；穿丝绸，是丝绸文化；穿素色的，是素色文化；穿花色的，是花色文化。对这种物质形态文化的认识，也是一种文化。例如，我们说某个人文化水平的高低，便是就此而言。文化是无形的，必须附着于一定的载体才能得以显现。文化是后天人为的。人为则"伪"。感谢我们的老祖宗，他们是那样的绝顶聪明，在造字时即把"人为"作为"伪"。所以，凡文化了，就已经不是原始的真。我

二、中国制度文化与伊斯兰教

们的一些先贤主张返朴归真，主张如孩提似的天真，其意就在于去掉人为，去掉伪。我们当代人往往斥责他们反文化。其实呢，他们是在追求一种意境。在这种意境里，人为和原真达到了和谐的平衡。文化是有层次的。就文化层次说而言，制度也是文化，即所谓制度文化。制度就是把包含在礼仪、习俗等等之内的社会性行为规范化、条理化、条文化。话虽这样说，而制度又有着浓厚的人为设定的因素。智者谋虑于前，众人承受于后。就此看，制度又似乎是智者强加于众人的。这里所谓制度是指用法律、规章一类东西使之合法化了的政治设置，并不包括其意为社会发展规律的那种制度。制度有正、负两个方面的效应。制度能最大限度地协调人们社会性行为的一致。同时，它公开宣告什么是合理、合礼的，什么是不合理、不合礼的。人们可以据此得到最大限度的自由。人们对制度的这种功利主义观念，是制度的生命。但是，制度一经确立又具有非常顽固的稳定性。这种稳定性久而久之就成为保守性。这对文化的其他层面，特别是心态文化，无疑是一种桎梏。心态文化即思想认识路线、价值观念等等，本质地说，是非常革命的。

伊斯兰教传入中国后，便同传统文化发生了矛盾。它同整体文化氛围，特别是其中的制度文化很不协调。后者要规范前者,将其纳入自己的轨道。前者却要最大限度地壮大自己。两者的良性互动,怎样才能达成呢?条件可以说是唯一的,就是前者必须适应后者。后者对前者的要求是主动的、积极的,而后者的回应则是一个漫长的过程。

一种文化为了开拓它的新疆域,同另一种异质文化相遇,可能有三种(抑或更多)结果。一是战胜原有的,二是被原有的战胜,三是互相融合。在第三种情况下,又有两种可能,一是以原有的为主,二是以外来的为主。就是说,这种融合,不管是在过程中还是在结果中,双方的地位都不可能是平等的,是一种吸收和被吸收的关系,决不是对称的相加。

中国传统文化历史悠久,厚重坚实,从古至今,未曾中断,虽然也有过"薪传一脉,不绝于缕"、"中华民族到了最危险的时候"。佛教、景教、祆教、摩尼教、基督教都曾在中国历史舞台上扮演过一定的角色。但它们都不是也不可能成为主角。至于伊斯兰教,它于盛唐时期传入更不具备那种力量和气魄。

二、中国制度文化与伊斯兰教

1. 制度上的束缚

伊斯兰教在中国的传播与发展,受着客观环境的制约,不是那么特别"随意"的。

在制度上,中央和地方行政机构一直试图掌握和控制伊斯兰教在中国的传播与发展。

(1)"蕃长司"

唐朝情况不详。宋朝设置了管理留居中国外蕃人的机构。这个机构叫"蕃长司"。首先设置于广州。在广州,把主要是穆斯林集居的地方叫作"蕃坊"。管理蕃坊的蕃长司是一个行政机关,兼有部分司法机关的权力。蕃长司设"蕃长"(亦称"都蕃长"),"管勾蕃坊公事"。蕃长一般由居住在蕃坊内的穆斯林担当。蕃长大都是德高望重或财富丰饶者。蕃长可以自荐,地方上报,中央批准,即可视事。"广州蕃坊,海外诸国人聚居。置蕃长一人,管勾蕃坊公事。专切招邀蕃商入贡用。蕃官为之,巾袍履笏如华人。蕃人有罪,诣广州鞫实,送蕃坊行遣,缚之木梯上,以藤杖挞之,自踵至顶,每藤杖三下折大杖一下。盖蕃人不衣裈裤,以杖臀为苦,反不畏杖脊。徒以上罪，则广州决断。"① 唐代已有"蕃坊"。但是，唐代蕃坊与宋代蕃坊有性质上的不同。唐代蕃坊意为蕃人居住地，并无政治学意义。宋代则不然。宋代蕃坊是指设有蕃长司政治建制的行政区域单位。在蕃坊，最初可能只设蕃长，并无本署。蕃长这一职务北宋淳化（990—994）初年已见记载。但是，由"蕃长"到"蕃长司"，即终于成为一个司署官衙，肯定有一个过程。蕃长司的设置当在北宋中期以后："天圣（1023—1032）后，留寓益伙。伙首住广州者，谓之蕃长，因立蕃长司。"② 蕃长司还有一种职能，就是如前引文所说"专切招邀蕃商"。蕃长可以利用其特殊身份，招徕外国（主要是伊斯兰国家）商人，向其提供中国国内的政治、经济信息。蕃长权限除宗教事务外，可以处理民事纠纷。在地方有司授权的情况下，也可以处理性质轻微的治安案件，或者代行司法判决后的执行权。至于侦察、诉讼、判决等法律行为则统在地方有司。因此，蕃坊的出现和蕃长司的建置，并不是什么"租借地"或"治外法权"的形成。其实，究其本初原意，勿宁说是一种歧视性的举措。

---

① 《萍州可谈》卷2。
② 《天下郡国利病书》。

二、中国制度文化与伊斯兰教

蕃坊居民大多数是穆斯林。他们由三部分人组成,一为世居中国的"土生蕃客"或"五世蕃客";二为留居中国的第一代;三为暂时侨居的外国人。前两类人是蕃坊的主要成员,最后一类人在完成商务活动后将要返归祖国。

中国伊斯兰教在后来的发展中形成了教坊制度。教坊制度的源头不妨说就是蕃坊制度。当然,就宗教方面而言,前者要比后者完备得多;但其行政、司法方面的权力几乎完全丧失了。

(2)"回回掌教哈的所"

元朝中央政府首次设置了管理全国伊斯兰教事务的机关——"回回掌教哈的所"。"哈的",系阿拉伯语音译,意为"教法执行官"。元代史籍有时也将其意译为"回回大师"。元朝哈的的职掌与阿拉伯世界有很大的不同。"回回掌教哈的所"的负责人就叫"哈的"或"回回大师",除教法事宜外,还掌管宣教事宜,甚或民事事务。回回掌教哈的所有其司属,并在有关行省设置下辖机构。元仁宗继武宗而立,厘革前代弊政,废罢独立的宗教管理机构就是其中的一项内容。至大四年(1311年4月),元仁宗"罢回回哈的司属"。同时裁撤的,还有僧、道、也里可温(基督教)、头陀、白云宗诸司。所谓"罢回回哈的

69

司属"，是说取消这个衙署，将其合并于其他机构之中。至于哈的，照样存在，照样履事。同年十一月、十二月，仁宗又两次发布诏书，对回回哈的的职责作出新的规定。"特奉圣旨，哈的、大师只管他每（们——引者）掌教念经，回回人应有刑名，户婚、钱粮、词讼大小公事，哈的每（们）休问者，交有司官依体例问者"。① "敕回回哈的如旧祈福，凡词讼悉归有司"。② 在《元史·刑法志》中，关于哈的也有相同的记载："诸哈的、大师止令掌教念经，回回人应有刑名、户婚、钱粮、词讼并从有司问之。"

在元朝，穆斯林属于二等公民，社会地位远远高于汉人。操纵中央与地方权柄者，穆斯林在在多有。即使在这种政治背景下，元朝政府也是以政教分离原则来处理伊斯兰教及穆斯林的事务的。信徒可以从政、可以当官。但是不可以宗教施政、以宗教为官。不是教管政，而是政管教。回回掌教哈的所初置时间不详，可能在元初。但是，初置时权力可能很大。仁宗裁撤回回哈的司属的目的，就是为了限制哈的的权力。此后，哈的的权力只限于宗教事务。伊斯兰教教

---

① 《元典章》卷35。
② 《元史》卷24。

二、中国制度文化与伊斯兰教

务人员不得干预信徒们的法律、婚姻、租赋等"大小公事"。凡涉及上述种种事宜,即使穆斯林也得"交有司依体例"裁断,哈的们不得过问。否则,是一种越职、越权的违法行为。可见,元代伊斯兰教虽然在社会生活中的作用大大超过唐宋明清,但同阿拉伯世界比较,仍然不能同日而语。

元仁宗在裁撤回回掌教哈的所后不久,即重又复置。文宗继位之年即天历元年(1328),再次"罢回回掌教哈的所"。此后大概未曾恢复。在回回哈的所罢废期间,哈的及伊斯兰教事务很有可能划归宣政院管理。宣政院是元朝设置的管理佛教及吐蕃事务的中央机关。在一些地方,例如河州(甘肃临夏),有其下属机构。我们可以看到,在宣政院颁布的具有法律性质的一些规定中,有的内容是纯粹关于伊斯兰教的。

(3) 关于教务人员呈报审批、注册登记的规定

明清两代,政府对伊斯兰教事务的管理更加强化。清真寺的教长(官方文书仿佛教例,称为"住持")要由政府有关衙司任命。按其程序,首先由各教坊把教长人选报请礼部清吏司审查;批准后,履行注册手续,登记备案;再由礼部下发"札副",陈述批准之由;这个"札副"即可作为传教凭证。只有

中国伊斯兰教与传统文化

在接到礼部的札副后,教长才可以到清真寺主持教务,否则是违法的。北京东四清真寺建于明正统十二年(1447),其掌教为马氏。马姓为明初洪武年间(1368—1398)所赐汉姓。明弘治年间(1488—1505),马氏领取了札副,主持东四清真寺教务。明清更替,或因战乱,马氏将所领取的明札丢失,故不得不向清政府重新申请掌教职务,履行改换札副的手续。清顺治元年(1644)十月十八日礼部致马氏的札副中说:"礼部祠祭清吏司为恳恩给札冠带住持以便焚修事,据中城仁寿坊四铺清真寺掌教马承业呈称,年五十七岁,系顺天府大兴县人,自幼习读经典,素守清规,并无过犯,伏乞给札为此札。仰本教照札事理,即便冠带前去本寺掌教,领众焚修,祝延圣寿,多要守分守礼,毋得混乱清规。"

(4) 乡约制

清朝乾隆(1736—1795)后期,对西北、西南等地的伊斯兰教实行更加严格的控制。"乡约制"就是在这个时候在穆斯林集居区推广开来的。乡约制是在清政府镇压了大规模的回民起义以后、国内阶级关系特别是民族关系比较紧张的时候(西北地区笼罩在紧张的政治气候中)出台的。清政府选择了一个可谓"适当的"时机。所谓乡约制,类似有的朝代

二、中国制度文化与伊斯兰教

在社会的动荡时期于某些地方实行的乡党、族属连保制度。由于乡约制的实施,强化了对伊斯兰教的管理,使清朝的统治触角伸入到了每一个清真寺。

"乡约"为中国古制,北宋时,关中即有"吕氏乡约"。明朝类似的乡约制度已在穆斯林中间实行。明嘉靖(1522—1566)初年,政府在色目人居住地设"保长","居人俱听约束"。明万历年间(1573—1620),政府"以回夷编立保甲",并令其不得聚会,不得持有兵器,等等。清雍正年间(1723—1735),在甘肃河州(临夏)地区实行"乡约"。乾隆四十六年(1781)以后,乡约制度在西北穆斯林集居区普遍推行。"乡约"同时又是一种职务。乡是基层行政单位,乡约是一乡兼管宗教与行政的负责人。穆斯林以乡为单位具结,乡约为其代表,向当局保证不发生违法犯禁之事,而当局则不干预纯属宗教的事务。乡约分寺约与回约两种。寺约在有清真寺的地方实行。由地方官选拣教内"公正之人"为寺约,责令其约束本坊教众。一般地说,寺内阿訇很可能即充当寺约。回约在没有清真寺的地方实行。按其乡里人数选择一名"老成者"为回约,责令其约束本里教众。清政府对寺约或回约各络印札,令其分段管理,约期一般为三年,届满更换。凡实行乡约的教坊,不再立掌教、阿訇名目。在这些地区，阿訇只在教内自称；对外或对官方，则称"乡约"或"头人"。实行乡约制地区的清真寺，有一定的政治权力。乡约后来又称"学东"。学东则不一定是阿訇。甘南地区乾隆四十九年（1784）以后，每个教坊均实行学东制。学东管理清真寺财权，并负调解、处理民事和教务之责。学东之下另有阿訇，专门主持宗教活动。还有"乡老"，协助学东处理各种事务。乡老亦可同阿訇一起念经。学东原是选举后由官方任命的，后来变为世袭。

（5）敕修清真寺

伊斯兰教传入中国后，即当有清真寺的建造。但是，根据史料或其他手段可以确切地判断为唐代的清真寺及其他文化遗存，迄今尚未发现。宋代清真寺多为私家建筑。但是可供当地信教群众进行宗教活动和其他活动之用。元代开始有敕修（即官修）的清真寺。明清两代官修寺增多，而且著名的清真寺也多为官修。当然，有些清真寺并非官修，其"敕修"名义是通过某种途径谋求的，因为涂上官方色彩有利于中国伊斯兰教的发展。这种现象也意味着官方对清真寺管理的强化。从元代开始，中国穆斯林在清真寺作礼拜时，要为至高无上的皇帝祈祷，名曰"祝延圣

二、中国制度文化与伊斯兰教

寿"。"祝延圣寿"成为明清两代内地清真寺碑刻的常用套语。清代在某些有名的清真寺中，还曾摆设过皇帝牌位。

2. 学习传统文化

在中国，穆斯林必须学习传统文化。内地的，尤其如此。关于这个问题，可从两个方面来叙述。一方面讲学校。中国穆斯林必须接受传统文化的教育，不管其主观愿望如何，是主动抑或是被动，都必须这样做。大环境使然。另一方面讲科举。对于中国穆斯林来说，科举同样是一条不可替代的生活出路。科举应试既是其接受传统文化的原因，又是结果。从穆斯林参加科举，可以看出，传统文化对中国伊斯兰教发生了多么深刻的影响。

（1）学校

① "蕃学"。蕃学，据记载于北宋大观、政和年间（1107—1117）首创。在没有蕃学以前，蕃客子弟同其他子弟一样是入地方官学（如州县学等）学习的。程师孟知广州时，约在熙宁（1068—1077）初年，广州官学开始招收非汉族学生。程师孟的德政

75

之一是"大修学校"。学生踊跃,"负笈而来者相踵。诸蕃子弟,皆愿入学"。① 所谓"诸蕃"者,当然包括中国穆斯林在内。

蕃学的建立有一个过程。最初是中国穆斯林自办学校(私塾性)。这样的学校招收蕃汉子弟,而不是单单招收穆斯林子弟。在广州,首先创办这类学校的,是辛押陀罗,创办于程师孟在广期间。辛押陀罗是"蕃酋",即蕃长司的蕃长。蕃酋为俗称。程师孟知广州时要扩建州学,蕃长辛押陀罗资助其完成这一善举,并赠自家田作为学田。不久,辛押陀罗又以个人名义建立了一所学校,招收蕃汉子弟。

约在大观、政和年间,在广州、泉州等地相继出现了专门招收蕃客子弟的学校,史称"蕃学"。"大观、政和(1107—1117)之间,天下大治,四夷响风。广州、泉州请建蕃学"。②

中国穆斯林接受学校式传统文化教育,有三种途径:一是就读于地方官学,二是就读于教徒自办的招收蕃汉子弟的私塾性学校,三是就读于专门招收蕃客子弟的地方官学。那么,所谓蕃学,其教授内容是什

---

① 《中吴纪闻》卷3。
② 《铁围山丛谈》卷2。

二、中国制度文化与伊斯兰教

么？是否可以认为它就是日后兴起的"经堂教育"的雏形呢？先回答后一个问题。不能，绝对不能那样认为。宋代"蕃学"同"经堂教育"是性质不同的两码事。至于蕃学的课程设置、教授内容等，虽然现在还不可能说得十分清晰，但是有一点是可以肯定的，即蕃学的宗旨是为了传授中国传统文化，使蕃客子弟能更好地适应中国的整体文化氛围。其课程的设置、内容的教授当然不会背离这一目的。在上述三类学校中，有两类是蕃汉子弟同校的学校，有一类虽然专门招收蕃客子弟，但却由地方官办。后一类学校，还可以接收外国的留学生。这些情况说明，宋代蕃学不可能像明代经堂教育那样，以教授宗教知识为宗旨。蕃学的创办，有一个起因是"四夷响风"。"响"什么"风"？"响""天下大治"的"宋风"。所以，无疑，蕃学是传授中国传统文化的地方。在蕃学中，学习有成之士，可以参加廷试，考取功名。在策试中，有的题目就取自《洪范》。这样，可以说，蕃学与州学几无差别；差别只在生源上。在蕃学中，关于宗教知识的内容肯定是不会有的。

②"回回国子学"。元代有回回国子学，是国家最高学府之一，隶属于国子监。至元二十六年（1289）始置。延祐元年（1314）另置"回回国子

监"。凡蒙古、色目、汉人官员子弟皆可入学。学习内容为《四书》、《五经》、诗赋、表章、诏诰等。此外，还有外语课程，如波斯语、阿拉伯语等。有一种文字，叫"亦思替非文字"。《元史》说，"翰林院益福的哈鲁丁能通其字"。从名字上看，此公是穆斯林。有人认为亦思替非或即波斯文（当代外国学者另有新见解）。学校制度（管理规则、教学方法，等等）"皆依汉人入学之制，日肄习之"。① 回回国子学在泰定帝统治时期（1324—1328）学员大增，"公卿大夫子弟与夫凡民之子，入学者众"。回回国子学的毕业生大都作中央各衙门的翻译官，"凡百司庶府所设译史，皆从本学取以充焉"。

元代学校的考试，不管蒙古人色目人，一律是中国传统文化的内容。延祐二年（1315）准依集贤学士赵孟頫、礼部尚书元明善所议，国子学贡试之法更曰"升斋"。其等第六斋，东西相向。下两斋为"游艺"、"依仁"，"凡诵书讲说小学属对者隶焉"。中两斋为"据德"、"至道"，"讲说《四书》课肄诗律者隶焉"。上两斋为"时习"、"日新"，"讲说《易》、《书》、《诗》、《春秋》科习明经义等程文者隶焉"。

---

① 《元史·选举志》。

二、中国制度文化与伊斯兰教

考试按季进行，其所习经书课业及格者，即可依次升级。汉人生只有念完"日新"或"时习"斋课程后才能充贡举。而蒙古人生、色目人生只须念到"志道"或"据德"斋课程即可充贡举。这种规矩叫"私试"。私试历时数月，汉人生先后试经疑一道、经义一道、策问表章诏诰科一道。蒙古人生、色目人生先后试明经一道、策问一道。学校对蒙古人生、色目人生和汉人生的教学内容完全一致，只是要求程度不同。这就是"试蒙古生之法宜从宽，色目生宜稍加密，汉人生则全科场之制"。①

在元朝，一些穆斯林特别是上层分子，既是官僚，又是儒士。他们精于词章，邃于理学。这不能不说同上述教育制度有很大关系。

下面介绍几位元代穆斯林儒学大家。

赡思，字得之，其先大食国人。他祖父附元，内迁于丰州（呼和浩特东白塔）。后因为官家居真定（河北正定）。其父"从儒先生问学"。赡思九岁开始学习汉文经籍，稍长投师翰林学士王思廉门下。由是学问大进。天历三年（1330）应召为应奉翰林文字，赐对奎章阁。至元二年（1336）拜陕西行台监察御

---

① 《元史·选举志》。

史。至元四年（1338）改签浙东肃政廉访司事，以病免归。赡思"邃于《经》，而《易》学尤深。至于天文、地理、锺律、算数、水利，旁及外国之书，皆究极之"。著述有《帝王心法》、《四书阙疑》、《五经思问》、《奇偶阴阳消息图》、《老庄精诣》、《镇阳风土记》、《续东阳志》、《重订河防通议》、《西国图经》、《西域异人传》、《金哀宗记》、《正大诸臣列传》、《审听要诀》及文集30卷。《元史·儒臣传》有传。

萨都刺，字天锡，其先为答失蛮氏。萨都刺为一穆斯林，当无疑义。萨都刺是元朝颇为著名的大诗人，有《雁门集》传世。毛晋在跋文中说："天锡以北方之裔，而入中华，日弄柔翰，遂成南国名家。今其诗诸体具备，磊落激昂，不猎前人一字。"《元诗选·萨都剌小传》亦云："有元之兴，西北子弟尽为横经，涵养极深，异才并出。云石、海涯、马伯庸以绮丽清新之派振起于前，而天锡继之。清而不佻，丽而不缛，真能于袁、赵、虞、杨之外，别开生面者也。"

丁鹤年，元末人，出身穆斯林家庭。丁鹤年本人，据《明史》，"晚学浮屠法"，归依佛教。丁鹤年有诗集传世，系元末诗坛巨子。其古体歌行、五七言

二、中国制度文化与伊斯兰教

律,"皆清丽可喜",多为时人称道。《鹤年吟稿·序》云:"其措辞命意多出杜子美,而音节格调则又兼我朝诸阁老之所长。其入人之深,感人之妙,有非它诗人所可及。"从丁鹤年走过的路程看,他是一个很典型的人物。由穆斯林,进而儒学,进而佛学,这就是丁鹤年的命运三部曲。而涵育和演奏这一三部曲的适宜环境,只能在中国。

买闾,字兼善,祖父哈只为官江南,遂家浙江上虞。父亦卜剌金力主兼善学习儒学。后以《礼经》领至正壬寅(1362)乡贡,出为和靖书院山长。不久,由礼部尚书推荐,敕修嘉兴儒学教授。

中国书院之制起于唐,讲学之风兴于五代,至宋始盛。宋元间学者多在书院讲学,其热烈气氛远在国学、地方官庠之上。书院有官办与私办两种。书院与国学及府县之学不同,学校的教育目的是为了科举,而书院则不与科举直接挂钩,其目的不在于培养官吏的接班人,而在于考究知识、涵养心性。书院的负责人,元时称为"山长",属定职、定编的学官。除讲学外,它总领院务。山长由礼部、行省或宣慰司任命。教授则于国庠和地方官庠设置,由朝廷任命。

买闾是从一个穆斯林成长为书院院长和儒学教授

的。这一事实本身就是对中国伊斯兰教历史趋势的最好诠释。

往上看,同宋代比较,元代有了回回国子学(不专门招收穆斯林子弟)。它同蕃学不同,除了讲授汉文典籍外,还开设了阿拉伯语和波斯语等外语课程。往下看,同明代比较,就能发现它的运动变化轨迹。

③"经堂教育"。在明代,中国伊斯兰教内一种专门培养宗教人才的教育制度逐渐地发达完善起来。后人称其为"经堂教育"。民国以前,经堂教育属教内集体举办的一种事业,独立于官方的教育体制之外。

宗教教育自伊斯兰教传入中国后即应开始。唐宋元三代中国伊斯兰教的宗教教育,在家庭内进行,由长辈传授给晚辈。因各自家长的宗教知识水平不一,所以教授经典、讲述方法、课时安排都有很大的随意性。同时,也不可能存在考试晋级制度。对于大多数穆斯林来说,父子相承式地传授宗教知识,不过是敷衍门面罢了。阿訇、掌教等教务人员也以父子相授的办法进行培养。所以,掌教的世袭制度也就应运而生了。后来,由于中国伊斯兰教自身发展的需要,宗教人才的培养才走上了规范化和规模化的道路。这就是

二、中国制度文化与伊斯兰教

寺院教育，即在清真寺内办学。经堂教育是寺院教育的一种典型形态。所谓经堂教育，指的就是在清真寺内开办的以传授宗教知识和培养宗教职业人士为目的的一种教育方式。由清真寺内开学阿訇招收若干学员，向他们讲授经典以及阿拉伯文和波斯文。学员的生活和学习费用由教坊内统筹。学员学期不固定，一般要五六年时间，直到开学阿訇认为可以毕业时为止。毕业时，要举行"穿衣挂幛"仪式。此后，如有坊间愿意聘请，即可充任阿訇了。经堂教育经明代胡登洲提倡而蔚为大观。从胡氏三传至常蕴华，而有陕西派与山东派的分流。山东派由常蕴华树立旗帜，再传至舍蕴善而风靡中原及东南部地区。常、舍二氏都是清代人。舍蕴善，名起灵，陕西渭南人。作为经师其名气不在常志美之下，可谓"胜于蓝者"。他生活于清康熙年间，先后在陕西、河南、安徽、辽宁、河北、北京等地设馆开学20余处，从事经堂教育40余年，门人遍及全国各地。弟子赵灿所著《经学系传谱》，是唯一的一部关于经堂教育经师传承的专门著作。中国伊斯兰教的经堂教育，在清代初年就已显现出与胡登洲时代的不同。从舍蕴善的弟子赵灿所著《经学系传谱》中可以看出，清代经堂教育已不只是单纯讲授阿拉伯文、波斯文和宗教经典，而且开始教习汉文和汉文典籍。其中不少经师有颇深的汉学功底。舍蕴善道号"真回破衲痴"，赵灿道号"裕心贫者"。

> 屋漏连朝淫雨稠，
> 乏薪悬釜事堪忧。
> 不如展卷临窗读，
> 衣禄从他岂自由。

这是赵灿的一首诗，穷困中的潇洒、儒生式的激愤，溢于言表。他还写过一首词，是准备呈献康熙皇帝的。据赵灿自谓"人挤、赍者未进"。词牌《永遇乐》，是赵灿代表"都城内外各寺吾教人等"写给皇上的祝词。

> 龙城柳媚，凤阙花繁，春暖天气。六市晴和，九衢暄煦，适臻皇家喜。被恩异域，重译来朝，瞻拜绛庭多瑞。尽嵩呼称祝，百世贤君万年天子。
> 士民共乐，朝野多欢，是处风光无比。接壤楼台，连宵灯火，难尽都门丽。忻传童叟郊迎，望尘遥叩圣颜常霁。愿遐龄，与日月悠长，山河永治。

二、中国制度文化与伊斯兰教

如果抛开这首词的"媚"气不谈，仅从格律词藻而言，应该说是很有功力的。

④新式学校。中国伊斯兰教内的新式学校式教育是在20世纪20—30年代推广开来的。这里所说的新式学校式教育，指的是教内宗教职业人士开办的、以培养阿訇为主要目的的学校式教育。不包括穆斯林上层人物开办的、主要招收穆斯林子弟但不以培养阿訇为目的的社会性学校教育。后一类学校在辛亥革命以后如雨后春笋般在全国各地普遍兴起。它同私立学校几乎无差。

中国伊斯兰教内的新式学校式教育是由经堂教育演化发展而来的。首先是改变教学内容，增设自然科学和社会科学知识的课程，如数理化、史地等，其教职人员自然也必须更新，不再完全是阿訇了。接着冲出清真寺的藩篱，建立董事会、校务会等，学校规模化，教学制度化，开始了社会性办学。再次是改变教育目的，在培养阿訇的同时，培养社会所需人才。后者逐渐成为主要的目的。上述三点内容，并不完全是历时关系。中国伊斯兰教新式学校同经堂的主要区别也在这里。

在这一类学校中，最著名的是1925年建立的成达师范学校。成达初创于山东济南，后迁址北京。从课程设置看，成达师范贯彻了"中阿并重"的办学宗旨。而且，在后来的发展中，越来越重视社会科学知识和自然科学知识的传授。建校初（1925年），各个学年的阿文课程（含《古兰经》、"圣训"、教法学、教义学等内容）占总课时的二分之一。到了1934年，在课程设置方面，明显地减少了阿文课程的授课时数，仅占44%左右。成达师范是两级制学校，低年级宗教课程时数更少，仅占三分之一左右。成达师范后来减少了培养宗教人才的任务，逐渐演变为一所实施社会教育的普通中等师范学校。

（2）科举

在中国封建社会，开科取士为知识文化人的晋身敞开了一扇小小的门扉。莘莘学子均拥挤在"科举"这道狭窄的楼梯上，虽穷毕生精力而于功名之门无缘亦在所不惜。生员们之于科举，犹之铁之于磁，蝇之于臭，其吸引力非语言可以形容。因为一旦登第，光宗耀祖，名利双收。书中自有千钟粟、黄金屋和颜如玉。科举是需要学习儒家学说的。在这方面，伊斯兰教义学说是无能为力的，俗谓"由儒不由回"。

唐代有位穆斯林，名字叫李彦升，于大中二年（848）进士及第。他的原名已不可考；李姓很可能是赐姓，因为李姓是国姓。唐代史籍所记载的穆斯林

二、中国制度文化与伊斯兰教

大都姓李,也就是这个原因。李彦升生于大食,"来从海外",是在华留居的第一代。十几年后,他居然能够考中进士,说明他已有很高的汉文化修养。但是,他以后的仕途境况,因为史料缺乏,后人无法了解了。陈黯在《华心》中对李彦升有过介绍:"今彦升也,来从海外,能以道祈知于帅(指宣武镇节度使卢钧——引者),帅故异而荐之,以激夫戎狄,俾日月所烛,皆归于文明之化。盖华其心而不以其地也,而又夷焉。作《华心》"。①

正如在上文中已经说过的,这个"道"当然是中国传统思想之道,而非伊斯兰教之道。所以才说李彦升在思想上已经华化,即"华心"了。按着陈黯的说法,李彦升是一个"形夷而心华"的人。

唐武宗排斥佛教,原因是很复杂的。经济原因可能是主要的。佛教的兴盛从当政者手中夺走了人(丁、役)、夺走了地。唐宣宗继位后,恢复了宗教信仰自由的政策。他还允许色目人参加科举考试,并规定了最低限度的录取名额。"大中(847—859)以来,礼部放榜,岁取三二人姓氏稀僻者,谓之色目

---

① 《全唐文》卷767。

人"。① 李彦升就是在这种形势下于唐大中二年（848）考取进士的。

蒙元时期，窝阔台、忽必烈都拟以科举取士，但未能实行。元朝首次开科是在延祐初年（1314）。考试程式及内容是：蒙古、色目人考两场，第一场经问五条，出自《大学》、《论语》、《孟子》、《中庸》，用朱熹章句集注；第二场策问一道，以时务出题。汉人、南人考三场，第一场明经经疑二题，出自《大学》、《论语》、《孟子》、《中庸》，用朱熹章句集注；第二场诗赋、诏诰、章表；第三场策问一道，由经、史、时务内出题。如果蒙古、色目人愿意参加汉人、南人科目考试，入选者加一等注授官职。蒙古、色目人为一榜，汉人、南人为一榜，分榜录取。中选举人，蒙古、色目人榜贴于中书省门之左，称"左榜"；汉人、南人榜贴于省门之右，称"右榜"。延祐元年（1314），在十一行省即河南、陕西、辽阳、四川、甘肃、云南、岭北、征东、江浙、江西、湖广，二宣慰司即河东、山东，四直隶省路即大都、上都、真定、东平等地，荐举300人参加会试。在入选参加会试的300人中，色目人占四分之一。会试后录

---

① 《南部新书》。

取100人，规定色目人录取25人，亦占四分之一。因为色目人总数在全国人口比例中大大低于四分之一，所以这一措施非常有利于色目人。从另一个角度说，它也有利于色目人的华化。

（3）习俗

中国的大文化环境对穆斯林习惯、风俗的改变也起着决定性的作用。如婚姻，陶宗仪《辍耕录》"嘲回回"条说："其婚礼绝与中国殊，虽伯叔姊妹有所不顾。"为改变这一习俗，元朝政府下令禁止色目人亲缘间上下辈的婚姻。元顺帝至元六年（1340），"禁色人勿妻其叔母"。同年，监察御史又上言，"宜禁答失蛮、回回、主吾人（犹太人——引者）等叔伯为婚姻"。

明代朝廷明令禁止"胡俗"，"复衣冠如唐制"；禁止色目人之间互相通婚；禁止习说"胡语"。"于是百有余年胡俗，悉复中国之旧矣"。[①] 在明代，回回人改汉姓，朝廷屡禁不止，成为一种时尚潮流。回回改汉姓有两种情况，一为皇帝赐姓，一为自行改定。明初名儒、《元史》总裁宋廉写过一篇碑文，叫《西域浦氏定姓碑文》，是纪念友人起居注浦仲渊的。

---

① 《太祖实录》卷26。

其中记述了浦氏定姓原委。浦氏先祖随成吉思汗东来，终元一代其家人均无姓氏。浦仲渊原称"浦博"，其父叫"剌哲"，"浦"并非是姓。浦博中洪武四年（1371）乡贡，后转官起居注。这时的浦博思想出乎书诗，行为符乎礼义，硕学名儒，不可无姓。于是，他"与荐绅先生谋，因其自名，而定以'浦'为姓。"此外还有"苏来曼"改姓"苏"，"阿老丁"改姓"丁"，"哈桑"、"哈希姆"改姓"哈"，"亦卜剌金"改姓"金"，"穆罕默德"（"马哈麻"）改姓"马"，等等。这一事件意义深远。不唯我们，当时的宋廉就已经明了这一点。他说："其深长之思，可谓切矣。"[①] 以此为契机，可以使中国穆斯林在接受传统文化方面达到"相忘相化"的程度。景泰进士，官至礼部尚书、文渊阁大学士的邱濬在其《大学衍义补》中说："国初平定，凡蒙古色目人散处诸州者，多已更易姓名，杂处民间。如一二稊稗生于丘陇禾稻之中，久之固已相忘相化，而亦不易以别识之也。"

中国有没有传统性宗教？有人说有，有人说无。说有者认为，"敬天尊祖"就是这一宗教的基本教义

---

① 《宋学士文集》卷17。

二、中国制度文化与伊斯兰教

思想。中国人步入文明，地缘关系就没有真正彻底地战胜血缘关系。在漫长的封建社会里，宗法制在社会生活中有着不可替代的作用。国家（天子）是个大宗法，地方（诸侯、王公）是个小宗法。历代王朝的治国方略都是德治主义的王道政治。德高于法、情大于法。统治者不重视制度的建设，而全身心地投入于储君的培养。宫廷之内，剑影刀光，血肉横飞，子弑其父者有之，弟杀其兄者有之。究其因，不过是为了紫禁城内的那个位置。中国历代封建王朝都制定许多法律、法规，不谓不多、不全，但都不可能完全实行。社会的整体氛围是礼俗高于法制。人们（从皇帝到普通百姓）在儒家思想的熏陶下，重视传统、重视习尚。在这里，德与法、情与法始终是一个打不开的死结，剪不断，理还乱。在这种情况下，中国传统道德与习俗对中国穆斯林的影响要比制度文化大得多。就此观察，中国穆斯林的道德是传统文化的，其习俗是民族性的。

三、在传统文化氛围中形成的中国伊斯兰教义学

1. 中国伊斯兰教义学的产生

中国传统文化对中国伊斯兰教的影响有两个方面，一是对宗教载体即信教群众的影响，一是对宗教自身的影响。传统文化对伊斯兰教的这两个方面的影响，即对人和对教的影响，是密不可分的。为了行文方便，我们才分别开来予以阐释。前几章，较多地叙述了中国传统文化对人的影响。这一章，我们就来谈谈中国传统文化对教的影响。这一影响的直接结果，就是中国伊斯兰教义学的产生。

三、在传统文化氛围中形成的中国伊斯兰教义学

当中国伊斯兰教经过艰难跋涉到达明代中期,其自身已经吸收了许多中国传统思想的内容。也恰恰是这个原因,明代学术界对中国伊斯兰教的重视是空前的。在儒林中,许多饱学之士开始对中国伊斯兰教另眼相待,惊诧于中国伊斯兰教同儒学竟有那么多的共同之处。成化(1465—1487)进士陆容认为:"回回教门异于中国者,不供佛,不祭神,不拜尸,所敬者唯一天字。天之外,最敬孔圣人。故其言云:僧言佛子在西空,道说蓬莱住海东,唯有孔门真实事,眼前无日不春风。"[1] 陆容的言论有两点值得注意。首先,他说回回教门最敬孔子,可以理解为在伦理纲常方面两者有共同性。其次,他认同回回教门的这种观点,即它虽与佛道不同,但与儒一致,重视人生,重视社会。这两点内容是至为关键的。它是中国伊斯兰教吸收儒家思想进而融合于传统文化的切入点。稍后,弘治、正德年间人郎瑛(1487—1566)更是美美地称赞了回回教门一番。他甚至认为,在某些方面,回回教门有超出儒家的地方。"其教(指回回教门——引者)有数种,吾儒亦有不如。[回]富贵贫贱寿夭一定也,[儒]惑于异端而信事鬼神矣。彼(指

---

[1] 《菽园杂记》卷2。

"回"——引者）惟敬天事祖之外，一无所崇，富贵者亦不少焉。吾儒虽至亲之贫者，多莫尚义，他人不问矣。彼于同郡人贫，月有给养之数；他方来者亦有助仪。吾儒守圣人之教，或在或亡。彼之薄葬、把斋、不食自杀，终身无改焉。道释二教，又在吾道（指儒学——引者）之下，不论也"。[1] 就是以现代眼光看，这里说的也是实在话，绝少溢美之词。

宗教的产生当然有社会根源，它同时也是人类为了认识自然、社会和自身而作出的一种努力。所以，世界性宗教，这里主要指基督教、伊斯兰教和佛教，在教义学方面，都有比较系统的理论。它要求人们对于信仰予以"理性"的思考。

中国伊斯兰教义学体系，创建于明末清初。成就这番事业的是王岱舆、刘智、马注等一批著名的中国伊斯兰教义学家。教义学体系的形成，是中国伊斯兰教发展史上的又一个里程碑。从此，中国伊斯兰教，特别在教义理论方面，具有了鲜明的自身特点。它也标志着中国伊斯兰教典型化即伊斯兰教中国化的历程基本完成。

近千年来，伊斯兰教在中国的宣教，是以阿拉伯

---

[1] 《七修类稿》卷18。

三、在传统文化氛围中形成的中国伊斯兰教义学

语讲解《古兰经》及其他经典为主要方式的。但广大穆斯林甚至包括一些阿訇，对教义本身并没有多么深刻的理解，而只是满足于遵守某些宗教性习俗，并且认为这或许就是宗教本身的全部要求。这显然不利于中国伊斯兰教的发展。到了明代，回族形成，汉语成为这个民族交流思想的工具。在这种大趋势之下，用汉语、汉文讲解、注释、阐发伊斯兰教经典及教义思想就成为历史的要求。伊斯兰教自传入中国后，同传统文化的冲突与融合就开始了。它当然无法也不可能同中国的古老文明相抗衡。在中国，伊斯兰教为了生存与发展，只能调整其自身以适应中国社会的整体文化氛围。于是，中国伊斯兰教义学家们开始自觉地寻求一种中国化的途径。中国伊斯兰教义学体系的基本理论框架，就是把伊斯兰教义思想纳入传统思想之中。时人称其为"以儒诠回"或"外回内儒"。同时，明清两代大力开展经堂教育，培养了一大批既懂教义又懂传统文化的宗教人才，为以汉语解释伊斯兰教经典、以传统思想阐发教理奠定了社会基础。经堂教育之所以陕西派不及山东派那么火红，就是因为山东派经师传统文化的功力大都比较深厚。

2. 中国伊斯兰教义学的基本内容

（1）附儒倾向

我们通常所说的中国伊斯兰教义学思想体系，其基本的概念范畴及基本的理论框架，是由王岱舆、刘智、马注等人在其著述中提出和构造的。

我们先从明清两代（主要是清代）中国伊斯兰教义学家们思想发展的基本趋势，即整体的"附儒"倾向谈起，随后再分述几个具体问题。

①成就了中国伊斯兰教义学的这些学者们，同其前辈有着质的区别。他们不仅不排斥而且自觉地学习、钻研中国传统文化，深得儒家思想的精髓。他们的汉学功力很强，不逊于教外的儒士们。因为，这些学者几乎都是博通四教（儒、佛、道、伊斯兰）的大家。他们或者是"由儒入经"，即先学习"性理、史鉴、诸子百家之书"，然后再学习伊斯兰教经典；或者是"由经入儒"，即先学习伊斯兰教经典，然后再学习"儒者之书"。王岱舆是个"先经后儒"者，壮年才开始学习儒家之学。刘智则是个"先儒后经"者。他15岁开始学习汉学，历八载，遍读经史子集。

三、在传统文化氛围中形成的中国伊斯兰教义学

而后用六年时间，学习《古兰经》等伊斯兰教典籍。又三年读"释藏"，又一年读"道藏"。继而又阅读"西洋书"137种。马注自称圣裔，谓系穆罕默德四十五代后人。但是，他却是一个"先儒后经"者。他说："余早年幼失经训，二亲早捐。十五而业文章，学为经济（经邦济世、谋生之学——引者）。二十而涉宦途（仕南明——引者），游情诗赋。二十五而访道德，锋棒禅玄。三十而著《经权》，期留青史，亦已编成书，自谓修齐治平，得其至理。及三十五而访闻经教。"① 马注不仅通儒，而且习佛，直至35岁时才开始研究伊斯兰教理。他对老庄也深得个中关节。他对"道可道，非常道。放之则包罗天地，卷之则不满寸衷"的解释是，"盖心无尽，虚空亦无尽也"。他认为，老子之道是"心道"，以心规范世界。而且"心"与"虚空"都是"无尽"的。斯语颇精辟，发前人所未发。

②中国伊斯兰教义学家认为，伊斯兰教同儒家"二教同源"。这里所谓"二教同源"有两层意思。一是说"教理同源"，二是说"道统同源"。

第一，"教理同源"。

---

① 《清真指南·自叙》。

中国伊斯兰教义学家认为，伊斯兰教义的基本宗旨同儒家思想并无二致。在社会政治学说和伦理观念方面，这一点表现得尤为显著。王岱舆认为，儒家学说的根本在"忠孝"二字。这也是伊斯兰教理的关键所在。他说："吾教大者在钦崇天道。而忠信孝友略与儒者同。"① 对于孔孟之道的修身、齐家、治国、平天下的一套政治理论，王岱舆佩服得五体投地。他说，他不敢妄议其是非，伊斯兰教也有相同的主张。刘智说，他用了十余年的时间辟居山林研读"百家之书"，终于得了一个真理，那就是"天方之经大同孔孟之旨"。刘智认为，伊斯兰教"五功"（念、礼、斋、课、朝）是"五典"（仁、义、礼、智、信）的反映。仁、义、礼、智、信是"内五功"；念、礼、斋、课、朝是"外五功"。马安礼（云南穆斯林学者，道光、同治、光绪年间人）说，读了刘智的书，使他懂得了一个道理："吾教之道，实与儒术相表里。"② 刘智认为，天方之书不异于儒家经典。圣人立教不以方域来区分，因为人同此心，心同此理。"圣人之教，东西同，今古一"。根据这个原则，穆

---

① 《正教真诠》。
② 《清真释疑补辑·序》。

三、在传统文化氛围中形成的中国伊斯兰教义学

斯林遵习"天方之礼"也就等于遵习"先圣先王（即尧、舜、禹、汤、文、武、周公、孔、孟）之教"。马注的思想与王岱舆、刘智的思想完全相同。他说，如果一定要在二者中找出区别来，那或许也是有的。"回之与儒，教异而理同也"。① "圣不同时而道同，地不同音而义同，字不同迹而理同，教不同术而认同，服不同制而心同。心同迹异，不可以迹间心"。② 在马注看来，即使二者（儒、伊斯兰）在形态上有不同之处，也不能以此不同之处去离间二者的相同之处。二者的相同之处，在"道"、在"理"、在"认"、在"心"。二者的共同点全在根本上。马复初也认为，东海圣人（孔、孟）和西海圣人（穆罕默德），心同道合。虽然如此，"但各有专任，彼此不相侵乱"，于是又显出各自的特点和个性。孔孟尤重"人道"，而穆罕默德则兼论"天道"。《天方正学》的作者是蓝煦，成书于咸丰初年。蓝煦说得很直率，他的书就是"汉启佗补"，意为中国伊斯兰教的汉文典籍。他说："世人于回、儒，往往分视之，而未能参观，良由不明天方经意，以致见少多怪。岂

---

① 《清真指南》卷3。
② 《清真指南》卷5。

知回儒经书，文字虽殊而道无不共，语言虽异而义无不同。是以不揣固陋，于天方经语略以汉字译之，并注释其义焉。证集儒书所云，俾得互相理会，知回儒两教，道本同原，初无二理，何必拘泥语言文字之末，而疑其有同有不同耶。"①

《清真释疑》、《清真释疑补辑》，从某种意义上甚至可以说就是为了论证伊斯兰教与儒家"教理相同"而著述的。《清真释疑》的作者金天柱（北高）是清乾隆初年人，曾任翰林院四译馆回回馆教习。《清真释疑补辑》成书于清同治年间，由唐晋徽董其事，参与增补者有穆斯林举人、进士30余人。其中马安礼出力较多，其评述（以"率真子"名义）颇精当。《清真释疑补辑》的增录原则是"同教诸君子互参详译，凡与儒理暗合者，随时录出增补《释疑》书内"。因为这两部书是为了释疑而写的，所以立论、行文具有很强的辨教性。而且，还有一点也必须说明，这两部书写作时的预定读者对象，也不仅仅限于伊斯兰教内。或者不如说，它主要是针对教外读者群而编纂的。我们看看《清真释疑》的言论："奉至圣之命传教中土，至今千有余年，以认（念——引

---

① 《天方正学·自序》。

三、在传统文化氛围中形成的中国伊斯兰教义学

者)、礼、斋、课、游（朝——引者）为纲领，以孝弟忠信礼义廉耻为条目。其道之大者，五伦五事之必遵，与儒教无异……回教之来中夏，自隋唐始代为编氓，无异念。亲亲而尊尊，生养死葬之礼，不爽分毫……其教（指伊斯兰教——引者）是仍然君臣父子夫妇昆弟朋友之教也，依然士农工贾之人也，无以异于儒也。"马安礼在《清真释疑补辑》中说，伊斯兰教理与儒家学说，可以"互相发明，并行不悖"。儒、伊斯兰教两教都是"正道"。它们就是要把"正道"昭然于天地间，让世人共同敬仰、共同遵信。其最终目的是使"清真者"成为"儒者"，而"儒者"成为"清真者"，这就是"以共同成为清真儒者也"。倘能如此，则人类幸甚，天下幸甚。

第二，"道统同源"。

中国古代各个学派都非常重视传授系列。这种传承系列就是道统。它可能与宗法制度有关。佛教传入中国后，其派系宗祖理论又强化了道统观念。孔子暗示自己上承尧舜，孟子自命道续孔子正统。韩愈有《原道》说，正式提出一个道统传承谱系：尧、舜、禹、汤、文、武、周公、孔、孟。孟子之下，便是韩愈自己。朱熹认为，孔孟之后应是周（敦颐）程（颢、颐），而周程之后则是朱熹他自己。这个道统

是为了辨道、判道的，不属于其内者就是异端。韩愈的《原道》就是为了辟佛斥老。从另一方面说，如果某一学说同这一道统攀上了关系，它就获得了成为正统理论的合法外衣和可能性。这样，它就能站稳脚跟，不至于被视为异端而逐出思想界。

清代中国伊斯兰教也试图同这一道统攀上关系。

清代中国伊斯兰教义学家认为，《尚书》、《诗经》中的昊天上帝就是安拉、就是真主。后人（包括孔子）混同天、帝是一大错误。帝是主宰，天是帝之动静。阿丹（亚当）就是盘古氏，雅伏西（雅弗，《圣经》传说人物，挪亚之子。《古兰经》因之）就是伏羲氏。真主播化之灵是有感应的。"感神光于阿丹，拜丹青于唐主，皆感兴之微末"。① 中国伊斯兰教内有一种传说，唐玄宗曾拜穆罕默德之像，随即画像消失。玄宗因此受到感兴，于是伊斯兰教传来东土。按伊斯兰教内学派的见解，穆罕默德其身虽在阿丹之后，其神却在阿丹之前。中国伊斯兰教义学家"托古改制"，利用据说是孔子的一段话来为自己的目的服务。有人问过孔子，说你是圣人吗？孔子说，我不是。"三王"、"五帝"、"三皇"是圣人吗？孔

---

① 《天方典礼》。

三、在传统文化氛围中形成的中国伊斯兰教义学

子说,也不是。那么,谁是圣人呢?"孔子动容有间,曰:丘闻西方有圣人焉,不治而不乱,不言而自信,不化而自行,荡荡乎人无能名焉。丘闻其为圣人也"。① 中国伊斯兰教义学家认为,孔子说的"西方圣人"就是指穆罕默德而言。孔子为圣人,所以洞知未来之事。他们说,真主"降生之列圣",除了穆罕默德(封印的至圣)之外,还有"孔(子)、耶(稣)、佛(释加牟尼)、老(子)"等人。② 于是,他们得出一个结论——"华西一体"。

那么,清代中国伊斯兰教义学家编制的道统传承谱系具体情况如何呢?他们借助于《尚书》的论点"天开于子,地辟于丑,人生于寅",认为尧舜之时入"中天午初",孔孟之时"已属午后之余光"。穆罕默德之时"已交乎未字之会"。清代"已入申时"。"昔邵夫子(雍——引者)曾于寅字下注一'开物',于戌字下注'人物消尽'。足征天地古今,原有始终。始也,自无而之有。终也,自有而之无。必然之势耳"。③ 简言之,这个道统传承谱系就是:子天、

---

① 《正教真诠·群书集考》。
② 《归真要道》。
③ 《清真释疑补辑》。

103

丑地、寅人、午初尧舜、午后孔孟、未穆罕默德、申今（清）、戌"人物消尽"。

③中国伊斯兰教义学家认为，伊斯兰教不仅与儒家同源，而且可以弥补儒家之不足。他们说，儒家学说有两点不足，其一是不讲求"先天原始"，其二是不考究"后天归复"。王岱舆说："第其始之所以来，终之所以往，造化原本，生死关头，一切不言。夫生人之理，有始、有中、有卒，儒者独言其中，而不言始卒，天下深观之士不免疑焉。"① 马注也有同感。他说："《大学》曰：致知在格物，物格而后知至。试思物从何有？造物者谁？溯本穷源，必得物理之妙。"② 这里所说儒家只言"中"，不言"始"和"卒"，是说儒家没有像伊斯兰教那样的真主如何造人、死后如何进天堂或下地狱的说教。而这一点，同儒家比较，恰恰是伊斯兰教的长处。据伊斯兰教观点，人生有先天、当今、后世之"三世说"。先天，指真主在理世用泥土造人之范型。当今，指人类生活的现实社会。后世，指人类在总清算日后，死而复活，根据每个人的德行，或进天园享永生之福乐，或

---

① 《正教真诠》。
② 《清真指南》卷1。

三、在传统文化氛围中形成的中国伊斯兰教义学

下火狱受痛苦之刑罚。伊斯兰教的"三世说"是一个历时概念,其终点是"后世",人类在那里永存。佛家的"三世说"是一个共时概念。伊斯兰教的"后世说"与佛教的"轮回说"也不能同日而语。据"轮回说",人可以从后世托生,或人、或狗、或……据"后世说",后世是人类总毁灭后得到的永生。关于"后世"、"死后复活"等观念,在中国伊斯兰教义学家们的著作中几乎都有论述。马复初的《四典要会》之一典《幽明释义》以及他的《大化总归》,是专门阐释这一观念的。他说,中国圣人,尧舜孔孟,"俱未闻死后复活之说"。他写作《大化总归》的目的,就是为了补叙王岱舆、刘智等先贤对死后复活论说之不足。"后世者,生死之大关,幽明之至义,原始返终之要道也。造物之全体大用,圣贤之复命归真,庶汇之知能长养,非此概不能显"。① 后世实"为真主了造化之一大结局也"。

据中国伊斯兰教义学家的观点,如果"真主造人"、"死后复活"等内容为儒家所吸收,儒家学说将更加完备、更富魅力。

④清代中国伊斯兰教义学家认为,应该在"变"

---

① 《大化总归·序》。

中观察和认识伊斯兰教。在他们看来，伊斯兰教本身是随时代而推移的，所以教义、教理也应该注入时代精神。教义学说不能胶柱鼓瑟，必须回答时代提出的问题。这就叫作教理之圆融。教理圆融的关键在于引入新的见解。在坚守伊斯兰教义之"故套"的前提下，"年年更易"，才能"万紫千红"，才能如天地般之久长。王岱舆在从反面论证这一问题时说：

> 理不圆融机不活，
> 空读清真万卷经。

马注在回复"近日学者讲经，多属故套，殊觉重复厌听"这一自设答问时说："故套即是根本。但恐枝叶未鲜，无怪听者以为重复尔。即若六经四书，儒门根本。而百家诸子愈演愈精，不越孔门之故套。若越故套，即异端尔。盖春夏不离四时，万紫千红，年年更易，故亘古不厌天地之久长。近之学人，道听途说，以耳为目者多，真知灼见者少，胶柱鼓瑟，蛙见执迷者众，婆心应身者少。总由所学不精，则见不明；见不明，则知不切；知不切，则理不通；理不

三、在传统文化氛围中形成的中国伊斯兰教义学

通,便堕入邪道。"① 与此相应,在教义的灌输上,其途径也应是多种多样的。马注指出,陈述教理、教义的办法有九种。这就是"经教"、"权教"、"因教"、"喻教"、"讥教"、"警教"、"惠教"、"德教"、"力教"。"九教之道各有所施"。在我们所设定的这个题目下,"九教"之中最值得重视的是"权"、"因"二教。"权教者从其俗便","因教者因其乡文"。这就是说,传播教理、教义要同当地的习尚和当地的文化传统相结合。对于伊斯兰教来说,要紧处便在辩证施教这里。犹如中医之道,热者予以凉之,寒者予以温之,虚者予以补之,实者予以泻之。否则,人们唯恐避之不暇,谁还肯主动求医。"九教之道,莫善于'因'。因教者,东土之良药也。东土之教,唯儒为最。儒之有文,若山之有木。故用文者,若匠之取材,可以为朝堂,可以为民屋,可以为梵宇,可以为清寺"。② 其实,结果远非如此简单。正如我们所见到的,中国伊斯兰教在"因其文"的过程中,也部分地改变了自身的品质。

中国伊斯兰教义学家还有一个十分重要的观点,

---

① 《清真指南》卷6。
② 《清真指南》卷4。

即伊斯兰教不仅因时而且因地地发展着、演进着。在这方面，马注的言论具有代表性。他说，在穆罕默德时代情形已经是如此。当时屡降天经，目的就在于改弦圣教。这种变化是非常自然的。就像一个人久居日本不能不穿和服、长住广东不能不说广东话一样的自然。伊斯兰教在中国的传播与发展，使其染上中国作风、中国气派，是一种不依人们意志为转移的必然结果。形成这种结果的原因是什么呢？是中国大的人文环境、文化氛围与阿拉伯—伊斯兰世界不同。马注说："清真禁律，普布西方，家传户诵，垂于简册，昭如星日，民风淳睦，教化易行。乃此地（指中国——引者）距天方数万里之东，去圣人（指穆罕默德——引者）千百年之后，风景既殊，俗染各异，杂教丛兴，异端并起，禁之所及者及之，禁之所不及者亦置之而已。"[①] 马注是就伊斯兰教的禁律而言的，但就整个教义来说又何尝不该如此？

（2）具体的理论架构

①关于宇宙发生论。中国伊斯兰教义学以中国二元分类及其对立的思维模式，重新阐释了伊斯兰教的宇宙观。

---

① 《清真指南》卷8。

三、在传统文化氛围中形成的中国伊斯兰教义学

关于宇宙的起源与构成，中国古代哲学家很少探讨，其研究重心偏于社会伦理方面。这大概可以说是中国古代文明的一个特点。中国并不是没有创世纪一类的神话，但这类神话中的开天辟地的人物，在中国人的宗教信仰上没有特别重要的地位。中国伊斯兰教义学家，特别是王岱舆，却详细地探讨了这个问题。这是中国哲学思想上突起的打着伊斯兰教旗帜的异军。中国伊斯兰教义学家认为，天地、万物、人——所有一切，都是真主的造化。这种造化的具体程序是这样的一个邅递系列：真一——数一——阴阳（天地）——四大（土水火风）——人、万物。很显然，这一宇宙生成理论，是伊斯兰哲学史上传统的宇宙生成理论同中国理学的宇宙生成理论的巧妙的结合。

在伊斯兰哲学史上，关于创世理论，伊斯兰化了的新柏拉图主义的"流溢说"占据主导地位。根据这种学说，世界万物均由真主流出，但不是直接由真主本体流出的；由真主直接流出的是某种单一的东西。它或者被叫作"原动的精神"，或者被叫作"第二实在"，等等。王岱舆等中国伊斯兰教义学家则称其为"数一"。真主与宇宙万有之间有若干媒介。这是一种从单一流出单一的流溢论。

中国理学的宇宙生成理论就是周敦颐的太极图

说。这一理论认为，世界的本源是太极（无极而太极），宇宙本体及其发生程序是：太极——阴阳——五行——人、万物。

中国伊斯兰教义学直接承袭理学关于宇宙本体及其创世理论，显然是有困难的。理学宇宙生成论，简言之，是一种单一流出殊多的理论。如果依据这一理论来解释真主的存在及其属性问题，就会陷入矛盾之中。真主应该是公正的、单一的。如果认为从真主直接流出殊多的现象世界，而中间没有一个过渡环节，无疑会损害真主的独一性和庄严性。所以，中国伊斯兰教义学家批评周敦颐，说他以太极为造物之终极是"信理为物之原"，把"万物之原种"错误地当成了"万物之原主"。因为"理虽出于事先，然不能自主，必有所托"。犹如写文章，如果表达的义理是太极，那么命笔之人就是真主。把表达的理，当作写文章的人，当然是错误的。太极源于真主，真主为太极之源。"主字从，扩充之则为一，复动而为圆，即太极之圆体，更剖而为弧，即两仪与四象所由分"。①

中国伊斯兰教义学的真一就是真主，其数一就是太极，就是理念世界。由真主流出理念世界，由理念

---

① 《清真释疑补辑》。

三、在传统文化氛围中形成的中国伊斯兰教义学

世界流出现象世界。世界构成的基本模式，不是在真主那个层次，而是完全按着真主的意愿在理念世界（数一）这个层次里预制出来的。然后，按着理念世界预制的这个模式，创造出现象世界即现实的物质世界。在中国伊斯兰教义学那里，有一个很著名的比喻：真主是匠人，理念世界是模范，现象世界是镜子。匠人操作模范，制造镜子，这就是创造世界的过程。这样，中国伊斯兰教义学既保持了真主公正与单一以及超然的特性，同时又吸收了儒家的学说，从而创造出独特的创世理论。

②关于"认主学"。中国伊斯兰教义学有一个"体一"概念。它是说，人们在体认真主时要走着一条同真主造物时完全相反的路线：由体一进而数一，由数一进而真一。在这里，宗教神学的宇宙观同宗教神学的认识论合二而一了。在认主学方面，中国伊斯兰教义学家们的主要贡献，在于对"真赐"这个概念的阐发上。"真赐"是阿拉伯语"伊玛尼"的意译。"伊玛尼"现通译为"信仰"，尤指"信仰的内悟"。中国伊斯兰教义学家把儒家的"明德之源"思想和佛教的"佛性"学说都纳入了"真赐"之中，从而使这个概念在内容和形象上变得更加丰满，也更加适应周遭的文化氛围。中国伊斯兰教义学认为，真

赐就是明德之源，同义而异名。真赐是真主先天赐予的。人有了真赐才成其为人。真赐的存在恰好说明：人具有先天的内在的宗教性。所以，"真赐"同"佛性"、"真如"也是同义语。所谓"体认真主"是什么意思呢？现在比较清楚了，就是真主赐予人们内心的信仰基因即真赐，使其再回到真主那里去。在认主的最高境界里，人同真主的直接交契就是这样完成的。换句话说，是在人格分裂即在"精神"（中国伊斯兰教义学称为"真我"或"先天之我"）与"自我"（中国伊斯兰教义学称为"幻我"或"后天之我"）分裂的基础上达到和真主的同一的。与真主同一的是"真我"而不是"幻我"。而在我们看来，那个"幻我"才是实实在在的、具体的、有血有肉的人。所谓"真我"，就是那个神秘的"真赐"。它是自我得以认主、归主的根据。

③关于真主属性。中国伊斯兰教义学以儒家的"体用"、"本末"思想比较圆满地解决了真主属性的问题。

在伊斯兰教义学说发展史上，关于真主本体的单一与属性的殊多的关系问题，一直存在着争论。中国伊斯兰教义学家认为，真主有本体，而真主本身不具有任何属性（德性）。它是独一的，无偶的，无形象

三、在传统文化氛围中形成的中国伊斯兰教义学

的，在时间上无始终，在空间上无方所，超然物外，语言不能描述，感官不可感知，思维不容虑想。一句话，真主是单一的，没有叙述性的德性。这时的真主是不可以认识的。同时，真主除"本体"外，尚有"作用"。真主有"体"、"用"之别。当着真主同其他事物发生关系时，真主就不再是单一的。它要体现出自身的"用"的功能来。但"用"又绝非是真主本身。虽然"体用不即不离，分之不开"，但毕竟"合之有别"，分体、分用。这时的真主就具有了可以叙述的属性，因而成为可以认识的客体。但被人们认识所捕捉的，也只是真主的"作用"，而非本体自身。作用，是通过"数一"环节来体现的。但是，对于部分特殊的信徒来说，是能够"由其用自达其体"的。就此而言，可以说真主具有可认知性。

在中国伊斯兰教义学那里，因为真主有体、有用，所以它既是单一的，又不是单一的；既不具有叙述性属性，又具有叙述性属性；既是不可以认识的，又是可以认识的。这种思辨性特征，很值得注意。

在前面，我们述及中国伊斯兰教义学的两个问题：宇宙观和认识论。这两个问题实际上是一个问题的两个方面。王岱舆说："无极先天乃初种之时，自上而下谓之降，是为原种，始无作证也。人极后天乃

灌溉之时，自下而上谓之升，本因结果也。树藏种中，果从树显。返本归原，果即是种。虽然不二，实有增益。"① 这就是说，真主造人，"自上而下"，这是"降"，是创造过程；人认识真主"自下而上"，这是"升"，是归复过程。于是，纷繁的大千世界就变得这么明镜、这么简单了，以至一切运动变化都可以纳入这样的两个过程：主造人，人认主。世界似乎就在这个简单的公式里存在着。

④关于伦理纲常。在伊斯兰教的伦理道德观念中，没有"五伦"、"五常"、"五德"（"五典"）这一类概念。中国伊斯兰教义学家把儒家的"三纲五常"完全移植于伊斯兰教义中。可以认为，伦理思想方面的一致性是促成儒学思想向伊斯兰教渗透的主要原因。在中国伊斯兰教义学中，"五常"的内容与儒家没有什么不同。但是，"五常"的排列顺序却与儒家有别。这同样是一种改造性的融合。中国伊斯兰教义学认为，五常应以"夫妇"为首。它并不是从生物学角度来论证"夫妇"应为首常的，而是把夫妇关系放在本体论高度去认识的，认为夫妇关系体现了"仁"、体现了"乾坤交泰"、"造化之根"。这种

---

① 《清真大学》。

三、在传统文化氛围中形成的中国伊斯兰教义学

认识或许是受了明代思想家李贽的影响。李贽在论述伦常时即把"夫妇"列为首伦。有人认为，李贽的先人是穆斯林，可谓事出有因。

中国伊斯兰教义学还把"五功"同"五常"、"五德"联系起来。五功是在尽天道，五常是在尽人道。两者是人类人格完成即达到完人境界必须修持的两个方面。五德或称五典，是指"仁、义、礼、智、信"而言的。中国伊斯兰教义学认为，五德是基础，是五功的内在根据；而五功则是五德的外在表现。五功的目的就在于启发人们的内德，使之强化。"特命圣人，作此外仪，启人内德而常存省之"。①

⑤ "一元忠诚"与"二元忠诚"。在伊斯兰教部分覆盖的国家和地区，穆斯林面临一个非常现实而又十分棘手的具体问题，那就是在非教权国家如何解决真主与王权之间的关系问题。中国伊斯兰教根据自身所处的历史条件，妥善地解决了这一问题，把"一元忠诚"改造成为"二元忠诚"。这是一场艰巨而意义重大的理论革命。中国伊斯兰教义学认为，"人生在世，有三大正事"，就是忠主、顺君、孝亲。忠于

---

① 《正教真诠》。

真主和忠于君王是一致的,并无矛盾。只有既忠于真主又忠于君王,才是"真忠正道",才是一个好穆斯林。如果只忠于君父,而不忠于真主,那就已经是"左道旁门"、"异端邪说",而非穆斯林了,是犯了"大罪"。但是,如果只忠于真主而不忠于君王,那就是未能全面履行做人的义务,因而也就是没有完成对真主的功业。于是,对主也不能算是真忠了。这样做也是一种罪过。人生在世必须既忠于真主又忠于君王。忠于主(宗教的)、顺于君(社会的)、孝于亲(宗法的)三者是统一的。显然,这一问题的解决,既有理论意义又有实际意义。否则,将会引发灾难性的后果。在这方面,中国伊斯兰教义学作出了有益的贡献。

⑥ "汉刻它布"。中国伊斯兰教义学家们以中国传统思想来阐述伊斯兰教理的汉文著述,并将其奉为中国穆斯林的经典,称之为"汉刻它布"。即汉文经典。中国通用汉语的穆斯林,除《古兰经》外,主要是学习这些"汉刻它布"。伊斯兰教传入中国后,总是存在着一个发展方向的问题。由于有了"汉刻它布",使这一问题终于得以解决。也正是因为有了这些汉文经典,才使得中国广大穆斯林在思想上理论化,在行动上自觉化。

三、在传统文化氛围中形成的中国伊斯兰教义学

（3）中国伊斯兰教义学创建的重要意义

中国伊斯兰教义学体系的形成，推动了伊斯兰教在中国的进一步发展。同时，由于中国伊斯兰教义学体系的最终确立，中国伊斯兰教无论在内容上还是在形态上都鲜明地带上了自己的特色。也恰恰是同样的原因，中国伊斯兰教的宗教意识被空前地强化了。"门宦"制度的出现以及在宗教旗帜下爆发的反清斗争，就是其突出的表现。一方面是向着中国传统文化的融合，其势锐不可挡，形成一种历史潮流；另一方面是特立精神的增长——意识到了"我之为我"的那些东西。这似乎矛盾的两个方面同时体现在清代中国伊斯兰教身上。

中国伊斯兰教义学的成就，在部分官僚和儒士中引起了强烈的反响。他们以极其兴奋的心情，欢迎这一事态的进展。乾隆后期、咸、同年间的几次所谓"回变"，在官僚和儒士们的心目中投下了阴影。对于中国伊斯兰教，他们大都有一种先入为主的成见。中国伊斯兰教义学的传播，改变了或者部分地改变了清代知识界的思想认识。儒士何汉敬在《正教真诠·叙》中说："其教（伊斯兰教——引者）亦不废君臣、父子、夫妇、昆弟、朋友之序，而洁己好施更广吾儒所不足……吾今服其教矣。"内阁学士兼礼部

侍郎徐元正在《天方性理·序》中说："天方圣人创之于前，群贤宿学传之于后，白门刘子汉译以授中国，中国将于是书复见尧舜禹汤文武周孔之道，则是书之作也，虽以阐发天方，实以光大吾儒。"上述序文写于清代前期。在清代后期，例如为马复初著作作序的云贵总督潘铎、为《清真释疑补辑》作序的候补知县冷春晟等人，也发过同样的感慨。这似乎表明，汉文伊斯兰教著述的兴起，又有有益于加强民族团结的一面，使中国伊斯兰教得到教外知识界更多的理解。

四、在科技方面的杰出贡献

中国伊斯兰文化是中国文化遗产的一部分。中国伊斯兰文化，包括两个方面的内容：第一是具有中国伊斯兰教特质的文化，如中国伊斯兰教义学；第二是在中国伊斯兰教背景下成长发展的民族文化，如本章所要叙述的科技方面的成就。就第二部分内容来说，这种文化未必具有直接的宗教性品格。

1. 天文历算学及其他科学

（1）"回回天文书"

据"回回历法"，周天360度，即按黄道等分360。这就是黄道经度。每30度为一宫，共12宫。

这12宫的宫名分别是"白羊、金牛、双子（《武经总要》作"阴阳"）、巨蟹、狮子、室女（《武经总要》作"双女"）、天秤、天蝎、人马、摩羯、宝瓶、双鱼"（从春分点算起）。"宫分法"是"回回历法"带给中国天文学的新知识。

在河北张家口宣化下八里村，1975年完成了一座辽墓的发掘。墓主人葬于辽天祚帝天庆六年（1116年、北宋徽宗政和六年、金太祖收国二年）。该墓穹窿顶中心的彩绘星图，是最值得研究的意义深远的重要发现。"在穹窿顶部的中心，悬铜镜一面，镜周画莲花，莲外以白灰为地，涂一层淡蓝色表示晴空。在莲花东北绘北斗七星，四周绘五红、四蓝星。东方为太阳，内画金乌。余红、蓝各四星。中间一层绘二十八宿……最外层分布黄道十二宫图……十二宫的排列，基本上是三十度一宫……从当时春分点所在白羊宫向东算起，依次为金牛宫（已毁）、双子宫、巨蟹宫、狮子宫、室女宫、天秤宫、天蝎宫、人马宫、摩羯宫、宝瓶宫、双鱼宫。每宫以符号和图形来表现"。[①] 在中国古代天文学中，有"二十八宿"和"黄道十二次"等概念。黄道十二次的全部名称是在

---

① 《河北宣化辽壁画墓发掘简报》。

四、在科技方面的杰出贡献

《前汉书·律历志》中首先见诸记载的。它们分别是：降娄、大梁、实沈、鹑首、鹑火、鹑尾、寿星、大火、析木、星纪、玄枵、娵訾（从春分点算起）。黄道十二次同黄道十二宫并不相同。一般认为，黄道十二宫是明朝末年由基督教传教士带来中国的中亚—欧洲天文学概念。那时，中国天文学家就用"十二次"的名称来翻译"十二宫"的名称，并对各宫（即原"十二次"）在黄道带上的起点作了调整。黄道十二宫的"白羊宫"被称为"降娄宫"，以下类推。这样"十二宫"就与"十二次"顺次对应。从前，黄道十二宫同黄道星座是吻合的。但是，由于春分点向西移动，两千年前在白羊座的春分点现在已移至双鱼座。所以，现在宫名同星座名并不一致。

张家口宣化辽墓中彩绘星图的发现，无疑说明，"十二宫"传入中国的时间远比人们预料的要早得多。而且，宣化辽墓的彩绘星图中的各宫图形，已经中国化了。其实，早在北宋庆历年间（1041—1048）曾公亮奉敕撰修的《武经总要》中已经选用了黄道十二宫。在该书中十二宫同十二中气（春分、谷雨、小满、夏至、大暑、处暑、秋分、霜降、小雪、冬至、大寒、雨水）联系在一起。这部书是一部军事著作，十二宫被用于古代军事天文学（占候学）。宋仁宗在序文中说："考星历，辨云气，刑德孤虚，推步占验，行之军中，缺一不可。"

那么，天球十二宫观念是通过什么途径传入中国的呢？毫无问题，是通过伊斯兰世界，经由穆斯林之手传入北宋、传入辽朝的。

元初，穆斯林天文历算学家札马鲁丁已服务于世祖忽必烈。只是尚未设置专门的官署。当时有一个"汉儿司天台"。至元八年（1271）另置"回回司天台"，秩从五品，以札马鲁丁为提点。皇庆元年（1312）升为监，秩正四品。回回司天监同汉儿司天监一样，职掌观测天文气象及编制历法等事务。但回回司天监的规模要稍微小一些。至元四年（1267）札马鲁丁撰进《万年历》，世祖颁行。据《元史》总纂、明人宋濂说，《万年历》的测候法是采用十二宫分法，而不用"二十八宿次金之说"。可见，《万年历》属"回回"系历法。这一历书由官方统制，禁止私刻私售。至元十三年（1276）诏郭守敬等编制新历。至元十七年（1281）新历编就，赐名《授时历》，次年颁行。此后，《万年历》不复传。但据清人意见，"万年本法，嘉靖时（1522—1566）尚在"。关于《授时历》，一说本于《万年历》，一说另有所本，只是"阴用回回"而已。至元十六年（1279）

四、在科技方面的杰出贡献

司天少监可马剌丁曾编制出《回回历》。很可惜，这部历书的命运如何，我们不得而知。

明初洪武元年（1368），设回回司天监。同年，太史院使刘基进呈《大统历》。是年及翌年，诏征故元回回司天监黑的儿、阿都剌，监丞迭里月实，台官郑阿里等数人至南京，参与"观象衍历"的工作。洪武元年十二月，改太史院为司天监，另置回回司天监，秩正四品。洪武三年（1370）改司天监为钦天监。洪武十八年（1385）于南京鸡鸣山和雨花台各设一观星台。雨花台观星台隶回回钦天监。洪武三十一年（1398）取消回回钦天监机构，其职司统归钦天监回回历科。钦天监的专业人员共分四科，即天文、漏刻、大统历、回回历四科。回回历科的官员大都是穆斯林，而且是事实上的世袭制。明末清初著名中国伊斯兰教义学家王岱舆，据自称其先祖就是明初洪武年间来华的，并任职钦天监，后世数辈均袭此职。

洪武元年，在元大都（北京）获得"回回天文书"一批。洪武十五年（1382），太祖朱元璋命翰林院李翀、吴伯宗会同回回太师马沙亦黑、马哈麻等翻译这批书籍。翻译的原则是"达其本旨，不得有毫发增损"。第二年译完，并据以制成《回回历》。此外，马沙亦黑另外完成《马沙亦黑回回历法》（三卷）。洪武十七年（1384），《回回历》作为《大统历》的辅助历书得以颁行。这部历书后于成化十三年（1477）经南京钦天监副贝琳修订增为七卷，名为《七政推步》。贝琳在跋文中说："此书上古未尝有也。洪武十八年，远夷归化，献土盘历法，预推六曜干犯，名曰经纬度。时历官元统，去土盘译为汉算，而书始行乎中国。"贝琳关于此书译行年代的说法有误，不是洪武十八年，而是洪武十七年。《回回历》与《大统历》参用达270余年，其影响不可低估。

明代一些非穆斯林天文历算学家也在研究回回历法。这就是当时所谓的"会通回历，以入授时"。据《明史》记载，"习其术而自成一家之言"者，竟有五六家之多。他们都有专门著作行世。例如周述学的《历宗通议》、《历宗中经》，袁黄的《历法新书》，雷宗的《合璧连珠历法》，等等。

明万历三十八年（1610）十一月，钦天监预测天象有误。朝廷决定调用懂得西洋历法的人士参与修订历法的工作。万历四十一年（1613）李之藻（万历进士、历任南京工部员外郎、太仆寺少卿等职）上奏章阐述西洋历法要略，主张起用西方传教士改革

四、在科技方面的杰出贡献

历法，编制新历。崇祯二年（1629）五月关于日食的测算，万历进士、崇祯朝升任礼部尚书等职的徐光启以西洋历法推算得以验证，而按《大统历》及《回回历》推算都有差误。于是，是年九月开设"西洋历局"，俗称"西局"。崇祯七年（1634）西局以《西洋历书》29卷及星屏一具进呈皇上。崇祯九年（1636）、十年（1637）关于天象的预测，《大统历》、《回回历》又一再出现失误，而西局的推算却是正确的。依据西洋历法，西局于崇祯十四年（1641）十二月，编就了次年的新历。

明清鼎革，清朝采用西洋历法。顺治二年（1645）清廷颁行西方传教士编制的《时宪历》。顺治十四年（1657），原回回历科官员吴明炫（自称其祖是马沙亦黑）企图恢复回回历法，"以存绝学"。官生杨光先（安徽人、回族）也乘机攻击新历法。康熙四年（1695）西方传教士被逐出钦天监，五名时宪科官员被斩首，复用《大统历》，以杨光先为钦天监右监副，不久升为监正。康熙九年（1670）因旧法屡屡失误，杨光先、吴明炫（时为监副）被革职。西方传教士南怀仁任钦天监副，代行监正事。于

125

是,"大统、回回两法俱废,专用西洋法"。① 此后,回回历法在中国不再被应用。

(2)"西域仪象"

元至元四年(1267),穆斯林天文历算学家札马鲁丁在撰进《万年历》的同时,造"西域仪象"7种。它们是"咱秃哈剌吉",即浑天仪(多环仪);"咱秃朔八台",即测验周天星曜器(方位仪);"鲁哈麻亦渺凹只",即春秋分晷影堂(斜纬仪);"鲁哈麻亦木思塔余",即夏冬至晷影堂(平纬仪);"苦来亦撒麻",即浑天图(天球仪);"苦来亦阿儿子",即地理志(地球仪);"兀速都儿剌不定",即昼夜时刻器(观象仪)。这七种仪器的制造材质、制造方法和结构,在《元史·天文志》中都有详细的记载。

元至元十年(1273)回回司天台申报,其公藏及提点札马鲁丁家藏的天文器具有三种。此外,还有外文书籍23类242部,广及数学、天文、历法、占星术、医学、化学、历史、法学、哲学、文学等诸多领域。

(3)其他科学

①数学。元朝郭守敬在编制《授时历》时,采

---

① 《清史稿·时宪志》。

用了从伊斯兰世界传入的数学知识，特别是球面三角知识。中国人在数学上使用阿拉伯数码也始于元代。元代回回司天台使用的外文文献中数学类有5种58部。

②地理学。元朝札马鲁丁制造的地球仪（"苦来亦阿儿子"）具有革命性的意义。这种地球仪是一个木制圆球，七分是水，绿色；三分是土地，白色；球面上画有江河湖海，并贯穿着横横竖竖的经纬线。从基本型制上看，同现代地球仪比较接近。有人认为，这一地球仪所体现的思想，是对中国传统的"天圆地方"观念的一种否定。

札马鲁丁等人在元至元二十八年（1291）还完成了《大一统志》（755卷）的编修工作。

2. 医药学

元朝始置管理"回回医药"的机构。至元十年（1273）设广惠司，秩正三品，执掌回回医药事。至元二十九年（1292），于广惠司外，另设大都、上都两处回回药物院，秩从五品。至治二年（1322）药物院拨隶广惠司。穆斯林答里麻于大德十一年（1307）任药物院达鲁花赤。

伊斯兰世界的医药学知识很早就传入了中国。中国穆斯林是其媒介。五代时，李珣编写了六卷本《海药本草》。元朝时，札马鲁丁（任职回回司天监）家藏《忒毕》医经13部。他还藏有关于炼金术的书籍13部，大概也与药物学有关。明初刻本《回回药方》（36卷），据考证，是元代译就的阿拉伯著名医学家依本·贝塔尔《简救法》的汉译本。此书残卷现存北京图书馆。元代营养学专著《饮膳正要》记载了一些颇有价值的回回药物及其方剂（具有治病和保健作用）。有记载说，一种名叫"火失剌把都"的药材，产于"回回田地"，形如木鳖子而小，可治120多种杂症。元时回回医生多有奇术，已经能作一些外科小手术了，例如切除腐肉、赘疣，等等。

3. 造炮及其他匠作技术

（1）"回回炮"

元朝所造大炮，有一种叫"回回炮"。这种炮用力省而射程远，摧毁力非常强。它是一种发射弹石的机械，弹石可重达75公斤。同火炮不一样，它的动力部分和弹头均不装置火药。元朝这种制炮技术取自

四、在科技方面的杰出贡献

"回回炮法",因此才叫"回回炮"。元朝设有"回回炮手军匠万户府",秩正三品。其下属机构,有千户府、百户府等。回回炮手不仅负责造炮,而且负责教习使用方法。元军几乎每个战斗单位都配有回回炮手。可见回回炮是元军的重要武器。骑兵加回回炮是元军战胜南宋的两个军事要素。

元至顺三年(1332)造出一种"始用火"的"西域炮"。它是一种管形火铳,以火点燃引线,引着火药,将铁弹丸发射出去。这种装置比射石机又前进了一步。据说,这种火铳的制造得力于"回回"炮手和军匠。

元代著名的回回炮工匠有两个,一个是阿老瓦丁,一个是亦思马因。这两个人《元史·方技传》中有传,均称之为"回回",即伊斯兰教信徒。他们于至元八年(1271)应诏入京。"二人举家"前来,世祖忽必烈在京城赐予房舍,令其居住。至元十一年(1274),元军渡长江侵宋。在潭州(治长沙)战役中,阿老瓦丁所造新炮在破城中大显威力。元军在阿里海牙(畏吾儿人)平章督率下久攻潭州不克,于是请求朝廷派炮手支援。朝廷命阿老瓦丁携新炮前往。阿老瓦丁在前线命炮手以新炮击其木堡城垣,潭州城遂破。宋军潭州守将李芾等自杀,阿里海牙遂进驻潭州。所以，《元史》说，"破潭州、静江等郡，悉赖其（阿老瓦丁）力"。阿老瓦丁亦因此骤升高位。至元十五年（1278），阿老瓦丁被授予宣武将军管军总管。至元十八年（1281），命阿老瓦丁屯田于南京（开封）。至元二十二年（1285），以阿老瓦丁为"回回炮手军匠上万户府"副万户长。大德四年（1300）告老。子富谋只，袭万户。后世子孙皆袭此职。亦思马因同阿老瓦丁一样，是一位造新式"回回炮"的能工巧匠。他在元至元十年（1273）襄阳战役中，立下杰出战功。"十年（1273）从国兵攻襄阳未下。亦思马因相地势，置炮于城东南隅，重一百五十斤。机发，声震天地，所击无不摧陷，入地七尺。宋安抚吕文焕惧，以城降。既而以功赐银二百五十两。命为回回炮手总管，佩虎符"[①]。元军围困襄阳前后五年不下。襄阳、樊城挟汉水而犄立，互为支援。平章阿里海牙以为破襄阳，必先破樊城，以去其肢臂。阿里海牙以其意奏闻皇上，世祖忽必烈准其奏，并派亦思马因赴襄樊以新炮助战。亦思马因以新炮攻下樊城，继而又攻下襄阳。关于"回回炮"在攻打襄阳城战役中的作用，《元史·阿里海牙传》写

---

① 《元史·本传》。

四、在科技方面的杰出贡献

得神乎其神。"既破樊,移其攻具以向襄阳,一炮中其谯楼,声如雷霆震城中,城中洶洶,诸将多逾城降者"。这里说襄阳战役亦思马因一炮定乾坤。亦思马因死于元至元十一年(1274)。子布伯袭职。当时元军正渡长江侵宋。宋军于江南岸筑垒坚守,并在江中以舟师袭元军。元军多骑兵习陆战,不善水战。布伯在北岸竖回回炮,击宋军水师。宋军损失惨重,"舟悉沉没"。元军得以顺利过江。以后,在每次战役中,元军都使用回回炮打击宋军。

(2)其他匠作技艺

①关于建筑工匠。北京作为全国性的首都始于元代,明清因之。对于北京城特别是宫城的建筑,"大食国人"也黑迭儿功不可没。忽必烈继位后,也黑迭儿统领"茶迭儿局",相当于军队中的营建部队。至元三年(1266)元定都于燕,也黑迭儿为"茶迭儿局"和"诸色人匠总管府"的总管(秩正三品),兼领修宫殿事。"也黑迭儿受任劳勚,夙夜不遑,心讲目算,指授肱麾,咸有成画。太史练日,冬卿抡材,魏阙端门,正朝路寝,便殿掖廷,承明之署,受厘之祠,宿卫之舍,衣食器御,百臣执事之居,以及

池溏苑囿游观之所,崇楼阿阁,缦庑飞檐,具以法"①。至元三年(1266)十二月,也黑迭儿、光禄大夫张柔、工部尚书段天祐受命同行工部,修筑宫城。宫城竣工后,对世祖来说"又大称旨",所以,也黑迭儿"宠遇日隆"。

②关于纺织技艺。元代有一种纺织品叫"纳石失",非常贵重。它可能是由精毛线和金丝线混织而成的。"纳石失"同"速夫金丝锦"肯定是同一种东西。"速夫"现通译"苏甫",是指一种粗毛线或由这种粗毛线织成的粗毛衣。穿这种粗毛衣的人,就被称为"苏非"。在元朝这里,"苏甫"("速夫")则是指一种精毛线或精毛衣。"纳石失"是采用新材料和新工艺生产的"西锦"。它用于制作天子百官的朝服,由设在河北北部地区的"纳石失局"(从七品)和"人匠提举司"(正七品)组织生产。在这些机构里,从事生产的工匠多为穆斯林。纳石失局有"西域织金绮纹工三百余户"。两个机构始置于元至元十三年(1276)。设在西境的别失八里局(在今新疆吉木萨尔县北)也生产"御用领袖纳石失"。由此可见纳石失非常珍贵,多为御用,多作装饰。另一种织品

---

① 《圭斋集·马合马沙碑记》。

四、在科技方面的杰出贡献

叫"撒答剌欺",由"撒答剌欺提举司"生产。该提举司由"组练人匠提举司"改建而成。札马剌丁(穆斯林)为提举(秩正五品),匠人多数是穆斯林。

中国伊斯兰教已走过了1300来年的风雨历程。在传播与发展中,它改变着自己的始初轨迹和原始面貌。其实,伊斯兰教在世界各地都有一个本土化问题。为了生存,它必须适应周遭社会大的文化环境,逐渐地改变自己的异质性,吸收或融合于传统文化之中。中国伊斯兰教同其他国家伊斯兰教比较,既有共性又有个性。在某种意义上甚至可以说,个性是更为关键的。中国伊斯兰教的载体是10个少数民族。伊斯兰教在它们之中的体现也是既有共性又有个性的。在政治理想、社会伦理、习俗风尚方面,中国穆斯林是民族的、传统的。在现代以前,"二元忠诚"(忠主、忠君)是中国伊斯兰教的政治路线。它是伊斯兰教义思想同儒家思想相结合的产物。其中,忠君的一面占有更为重要的地位。这是中国伊斯兰教在信仰方面的一个重要特征。

中国伊斯兰文化(或称中国穆斯林各民族文化)对传统文化有着深深的认同感。在900多年以前,在中国西部边疆地区信仰伊斯兰教的少数民族地方王朝——哈拉汗朝,产生了一部巨制诗作《福乐智慧》。《福乐智慧》是哈拉汗文化的奠基石,哈拉汗文化就是以《福乐智慧》为代表的一种文化。《福乐智慧》在序言中说:"它以秦地(指契丹辽——引者)哲士的箴言和马秦(指中原宋——引者)学者的诗篇装饰而成。"这说明,这一文化对中原文明怀有一种不可割舍的亲情。

中国伊斯兰文化是中国文化百花园中一畦鲜艳的花朵。它将同祖国共命运:越来越瑰丽,越来越芬芳。